KÖNIGS ERLÄUTERUNGEN
Band 192

Textanalyse und Interpretation zu

Theodor Storm

DER SCHIMMELREITER

Martin Lowsky

Alle erforderlichen Infos für Abitur, Matura, Klausur und Referat
plus Musteraufgaben mit Lösungsansätzen

Bange Verlag

Zitierte Ausgaben:
Storm, Theodor: *Der Schimmelreiter.* Husum: Hamburger Lesehefte Verlag, 2010

Über den Autor dieser Erläuterung:
Dr. Martin Lowsky, Studium der Romanistik, Mathematik und Vergleichenden Literaturwissenschaft in Tübingen und Heidelberg, Promotion 1975.
Abhandlungen, auch Bücher, zur deutschen und französischen Literatur (Bloch, Fontane, May, Arno Schmidt, Storm, Valéry, Voltaire u. a.) und zur Pädagogik (Erich Fromm).
Redaktionstätigkeit für das *Jahrbuch der Karl-May-Gesellschaft* (Husum) und die *Forschungen zu Paul Valéry/Recherches Valéryennes* (Universität Kiel). Unterricht an einem Gymnasium in Kiel.

In der Reihe *Königs Erläuterungen* sind von Martin Lowsky zuletzt erschienen:
Erläuterungen zu *Theodor Fontane: Frau Jenny Treibel.* Erweiterte Fassung 2011.
Erläuterungen zu *Theodor Fontane: Irrungen, Wirrungen.* Erweiterte Fassung 2011.

2. Auflage 2013
ISBN: 978-3-8044-1946-9
PDF: 978-3-8044-5946-5, EPUB: 978-3-8044-6946-4

Titelbild: Mathias Wieman als Hauke im Film *Der Schimmelreiter* © ullstein bild
Druck und Weiterverarbeitung: Tiskárna Akcent, Vimperk

1. DAS WICHTIGSTE AUF EINEN BLICK – SCHNELLÜBERSICHT

Damit sich jeder Leser in unserem Band rasch zurechtfindet und das für ihn Interessante gleich entdeckt, hier eine Übersicht.

Im 2. Kapitel beschreiben wir Theodor **Storms Leben** und den **zeitgeschichtlichen Hintergrund**.

⇨ S. 9 ff.
→ Theodor Storm lebte von **1817** bis **1888**, die meiste Zeit in **Husum** an der Nordsee. Er war **Jurist**. 1853 bis 1864 lebte er im Exil (Berlin, Heiligenstadt).

⇨ S. 13 ff.
→ Husum gehörte zum Herzogtum **Schleswig**, Herzog war bis 1864 der dänische König. Ab 1867 gehörte Husum zur preußischen Provinz Schleswig-Holstein und damit, ab 1871, zum neugegründeten Deutschen Reich.

⇨ S. 16 f.
→ Als Storm den *Schimmelreiter* schrieb, hatte die literarische Richtung des **Realismus** ihren Höhepunkt.

Im 3. Kapitel bieten wir eine **Textanalyse und -interpretation**.

Der Schimmelreiter – Entstehung und Quellen:

⇨ S. 20 ff.
Ab 1885 hat Storm am *Schimmelreiter* gearbeitet und dabei alte Sagen und Bücher über den Deichbau benutzt.

Die Sage *Der gespenstige Reiter* aus der Gegend von Danzig war die entscheidende Anregung.

Im April und Mai 1888 erscheint *Der Schimmelreiter* in einer Zeitschrift, im Herbst 1888 kommt er als Buch heraus.

Inhalt:

Die Hauptperson ist Hauke Haien, der ‚Schimmelreiter', der einen neuen dauerhaften Deich bauen lässt. Er und seine Familie gehen in einer Sturmflut unter. ⇨ S. 23 ff.

Das Ganze wird innerhalb einer Rahmenerzählung dargeboten. Der erste Erzähler berichtet von einem Reisenden, dem zweiten Erzähler. Dieser berichtet von einem „Schulmeister", dem dritten Erzähler, der die Haupthandlung erzählt.

Chronologie und Schauplätze:

Die Haupthandlung spielt zwischen 1732 und 1756 an der Nordsee, 7 km nördlich von Husum. ⇨ S. 33 ff.

Personen:

Die Hauptpersonen sind

Hauke Haien: ⇨ S. 39 ff.

→ vielseitig begabt,
→ ehrgeizig,
→ ein Rationalist, also ein Verstandesmensch,

Elke, Haukes Frau: ⇨ S. 41 f.

→ intelligent,
→ selbstbewusst,
→ sieht ihren Lebenssinn in der Ehe,

sowie ⇨ ab S. 43
Haukes Vater,
Elkes Vater,
Ole Peters, der Gegner Hauke Haiens,
Trien' Jans, eine alleinlebende Frau.

Stil und Sprache Theodor Storms:

⇨ S. 55 ff.
→ Storm arbeitet mit Leitmotiven, z. B. mit dem Leitmotiv ‚Deich'.

⇨ S. 58 ff.
→ Motivwiederholungen und Vorausdeutungen sorgen für den Zusammenhang, die ‚epische Integration'.

⇨ S. 61 f.
→ Storms Prosa hat lyrische Züge.

⇨ S. 64 f.
→ Perspektivenwechsel vermitteln Dramatik.

⇨ S. 65 f.
→ *Der Schimmelreiter* ist ereignisreich wie ein Roman und doch das Musterbeispiel einer Novelle.

Interpretationsansätze:

Wir behandeln den *Schimmelreiter* als

⇨ S. 69 ff.
→ einen Entwicklungsroman,

⇨ S. 73 ff.
→ einen sozialen Roman; hier besprechen wir auch die Frage ‚Warum scheitert Hauke Haien?',

⇨ S. 76 ff.
→ einen realistischen Roman,

⇨ S. 78 ff.
→ einen modernen Roman; hier sehen wir, dass *Der Schimmelreiter* auch das Erzählen zum Thema macht.

2. THEODOR STORM: LEBEN UND WERK

2.1 Biografie

Theodor Storm (1817–1888), ca. 1880 © ullstein bild – Archiv Gerstenberg

JAHR	ORT	EREIGNIS	ALTER
1817	Husum (a. d. Nordsee, Herzogtum Schleswig)	14. September: Theodor Storm wird geboren (Vornamen ausführlich: Hans Theodor Woldsen). Seine Eltern sind der Justizrat Johann Casimir Storm und seine Frau Lucie, geb. Woldsen. Die Vorfahren waren väterlicherseits Bauern, mütterlicherseits Kaufleute und Bürgermeister in Husum. Im Elternhaus herrscht eine freie und unreligiöse Atmosphäre.	
1826	Husum	Storm kommt auf das Gymnasium.	9
1835	Lübeck	Storm tritt in das Katharineum ein, ein Gymnasium.	18
1836	Altona	Storm verliebt sich in die 10-jährige Bertha von Buchan und schreibt für sie (1837) das Märchen *Hans Bär*.	19
1837	Kiel	April: Beginn des Jura-Studiums.	19
1838	Berlin	Fortsetzung des Studiums; Reise mit Freunden nach Dresden.	21
1839	Kiel	Herbst: Fortsetzung des Studiums. In den Kieler Jahren Freundschaft mit dem später berühmten Historiker Theodor Mommsen (1817–1903) und seinem Bruder. Vorbereitung des Gedichtbandes *Liederbuch dreier Freunde* (1843; mit 40 Gedichten Storms). Sammeln von Sagen zusammen mit Karl Müllenhoff.	22
1842	Kiel	Juristisches Abschlussexamen.	25
1843	Husum	Februar: Storm eröffnet eine Praxis als Rechtsanwalt.	25

2.1 Biografie

JAHR	ORT	EREIGNIS	ALTER
1844	Segeberg, Husum	Januar: Verlobung mit Constanze Esmarch (1825–1865), einer Cousine.	26
1846	Segeberg, Husum	15. September: Eheschließung mit Constanze. Das Paar wohnt in Husum. In der Ehe geboren werden Hans (1848), Ernst, Karl, Lisbeth, Lucie, Elsabe und Gertrud.	29
1847	Husum	Nebenher stattfindende Liebschaft mit Dorothea Jensen (1828–1903).	30
1849	Husum	Storm, deutsch und vor allem demokratisch gesonnen, unterzeichnet eine Petition, der zufolge der dänische König nicht mehr Herzog des Herzogtums Schleswig sein soll.	32
1852	Berlin	Die Novelle *Immensee* kommt als Buch heraus; dies ist Storms Durchbruch.	35
	Kiel	Der Band *Gedichte* erscheint; darin *Die Stadt*: „Am grauen Strand, am grauen Meer […].“	
1853	Potsdam	Beginn von Storms Exil (bis 1864). Oktober: Storm, der nach der Petition von 1849 nicht mehr im Herzogtum Schleswig arbeiten kann oder will, erwirbt eine Stelle als preußischer Gerichtsassessor. Begegnungen mit der Berliner Literatenszene (Theodor Fontane, Paul Heyse u. a.).	36
1855	Süddeutschland	Herbstreise, auch zu Eduard Mörike in Stuttgart.	38
1856	Heiligenstadt (Thüringen; heute: Heilbad Heiligenstadt)	Juli: Storms neue Stelle in Preußen: Kreisrichter. In den folgenden Jahren mehrere Novellen, z. B. *Veronica, Auf der Universität.*	38

JAHR	ORT	EREIGNIS	ALTER
1864	Husum	März: Rückkehr in die Heimat, Storm wird Landvogt. (Der dänische König herrscht seit dem Deutsch-Dänischen Krieg von 1864 nicht mehr in Schleswig; 1867 wird dieses Herzogtum preußische Provinz.)	46
1865	Husum	20. Mai: Constanze stirbt nach der Geburt des siebten Kindes.	47
	Baden-Baden	September: Treffen mit dem russischen Schriftsteller Iwan Turgenjew.	48
1866	Husum	13. Juni: Storm heiratet Dorothea Jensen, seine Geliebte von 1847. (1868 wird die Tochter Friederike geboren.)	48
		Oktober: Einzug in das Haus Wasserreihe 31 (heute Museum ‚Storm-Haus').	49
1868	Braunschweig	Der Verlag Westermann eröffnet die Reihe: Theodor Storm: *Sämtliche Schriften*, die bis 1889 neunzehn Bände umfassen wird.	51
	Husum	Die preußische Administration streicht Storms Landvogt-Stelle. Storm wird Amtsrichter – mit niedrigerem Gehalt. Später Beförderungen bis zum Amtsgerichtsrat. In den 70er Jahren erscheinen die Novellen *Viola tricolor* (1874), *Aquis submersus* (1876), *Carsten Curator* (1878).	
1872	Salzburg	August: Reise.	54
1876	Würzburg	August: Reise zu seinem labilen Sohn Hans, der mit Mühe sein Medizinstudium bewältigt. (Zweite Reise dorthin Februar 1877.)	58

JAHR	ORT	EREIGNIS	ALTER
1880	Husum, Hademarschen (zwischen Husum und Hamburg)	Mai: Pensionierung. Storm bereitet seinen Umzug nach Hademarschen vor (dort ab 1881). Es entstehen u. a. *Der Herr Etatsrat* (1881), *Hans und Heinz Kirch* (1882).	62
1883	Hademarschen	Storm ist als Lyriker und Novellist berühmt; er bekommt den ‚Maximilian-Orden für Kunst und Wissenschaft' des bayerischen Königs.	66
1884	Berlin	Mai: Reise zu den Bekannten der Exil-Zeit. *Zur Chronik von Grieshuus* erscheint.	66
1885	Hademarschen	Februar: Erste Pläne für den *Schimmelreiter*.	67
1886	Thüringen	Mai: Reise, auch zum Goethe-Archiv in Weimar und seinem Direktor, Storms Freund Erich Schmidt.	68
1887	Hademarschen	Diagnose auf Magenkrebs. Große Schmerzen.	70
1888	Hademarschen	Storm vollendet den *Schimmelreiter*. Tod am 4. Juli.	70

2.2 Zeitgeschichtlicher Hintergrund

ZUSAMMENFASSUNG

Husum, Storms Heimatstadt, gehörte zum Herzogtum Schleswig. Herzog war bis 1864 der dänische König.
1867 wird das Gebiet preußisch, Teil der Provinz Schleswig-Holstein. Ab 1871 ist Preußen Teil des neugegründeten Deutschen Reiches.
In den 1880er Jahren, als Storm den *Schimmelreiter* schrieb, hatte die literarische Richtung des Realismus ihren Höhepunkt.

Die politische Entwicklung in Schleswig und Holstein

1817, als Storm geboren wurde, gab es die beiden Herzogtümer Schleswig und Holstein; Husum lag im **Herzogtum Schleswig**. In den Jahren um 1886, als Theodor Storm am *Schimmelreiter* arbeitete, war **Schleswig-Holstein eine preußische Provinz und gehörte zum Deutschen Reich**. Wie war es zu der neuen Situation gekommen?

Von 1460 bis 1864 regierte in Schleswig der dänische König

→ Der Herzog von Schleswig und von Holstein war der König von Dänemark. Die beiden Herzogtümer gehörten daher zum ‚Dänischen Gesamtstaat'. So war die Sachlage (mit Unterbrechungen) seit 1460. Im Herzogtum Schleswig hatten zwei Drittel der Bevölkerung Dänisch als Muttersprache, beim Bürgertum aber überwog die Muttersprache Deutsch. Im Zuge der demokratischen und nationalen Bestrebungen im 19. Jahrhundert und nach den Beschlüssen in der Frankfurter Paulskirche vom März 1848 kam es zur ‚Schleswig-Holsteinischen Erhebung': Im März 1848 gründete sich in Kiel eine deutsch und demokratisch gesonnene ‚Provisorische Regierung' für Schles-

Schleswig-Holsteinische Erhebung

wig und Holstein. Sie forderte für diese Herzogtümer eine eigene gemeinsame Verfassung und die Loslösung aus dem dänischen Gesamtstaat. Nach kriegerischen Auseinandersetzungen zwischen Schleswig und Holstein einerseits – Preußen kam zu Hilfe – und Dänemark andererseits blieb dennoch alles beim Alten (wie auch die deutsche Revolution von 1848 scheiterte), denn die europäischen Großmächte wünschten keine Änderungen. Die Erhebung ging 1851 zu Ende. Theodor Storm hatte sich zu dieser Erhebung bekannt, 1853 emigrierte er und lebte bis 1864 im Exil in Preußen.

Deutsch-Dänischer Krieg von 1864; Preußisch-Österreichischer Krieg von 1866, 1867 Annektierung Schleswigs durch Preußen

→ Die Lage spitzte sich zu aufgrund der Bestrebungen der dänischen Krone, das Herzogtum Schleswig weiter zu dänisieren. (Etwa verfügte sie die Ausbreitung des Dänischen als alleinige Amtssprache.) Als im November 1863 der dänische König Christian IX. Dänemark und Schleswig zusammenschließen wollte durch eine gemeinsame Verfassung, traten Preußen und Österreich auf den Plan. In diesem Deutsch-Dänischen Krieg von 1864 wurde Dänemark besiegt. Schleswig und Holstein kamen unter preußische und österreichische Verwaltung (Wiener Frieden). Im Jahre 1867 (nach dem Preußisch-Österreichischen Krieg von 1866) annektierte Preußen diese Gebiete. Sie wurden nun die preußische Provinz Schleswig-Holstein.

1871 Gründung des Deutschen Reichs

→ 1871 wurde unter preußischer Führung das Deutsche Reich gegründet; es umfasste auch Schleswig-Holstein. Deutschland reichte damit bis zur Nordgrenze des ehemaligen Herzogtums Schleswig, dem Fluss Königsau (dän. Kongeå), 60 km nördlich von Flensburg. (Die national gesonnenen Dänen hatten sich ein Dänemark bis zur Eider gewünscht, 60 km südlich von Flensburg. Später, aufgrund einer Volksbefragung 1920, fiel Nordschleswig wieder an Dänemark.)

Viele Schleswig-Holsteiner waren enttäuscht, dass ihre Heimat preußisch wurde. Sie hatten ein selbstständiges Schleswig-Holstein erhofft unter dem Herzog Friedrich von Augustenburg. Preußen machte sich weiter unbeliebt in Schleswig-Holstein durch die Einführung der Wehrpflicht, die Justizreformen und die Zuweisung von Privilegien an den Adel. Storm, der Preußen-Gegner und Adel-Hasser, sprach von der „Bismarck'schen Räuberpolitik“[1].

Hoffnung auf selbstständiges Schleswig, Preußen unbeliebt

Der moderne Staat ‚Deutsches Reich'

Bei aller Kritik an Preußen ist aber zu sagen: Der Anschluss Schleswig-Holsteins 1867 an Preußen und 1871 an das Deutsche Reich bedeutete eine Modernisierung. In Schleswig-Holstein galt erstmals das allgemeine, freie und allgemeine Wahlrecht (für Männer), und die Region stieg wirtschaftlich auf. 1867 wohnten 70 % der Bevölkerung auf dem Land, 1900 waren es nur noch 47 %. Die Gründerjahre mit ihrem Wirtschaftsboom, bewirkt von den Reparationszahlungen Frankreichs nach 1871, zeigten sich auch im ‚deutschen Randgebiet' Schleswig-Holstein. Kiel wurde zum sogenannten Reichskriegshafen ausgebaut.

Modernisierung, Wahlrecht, Wirtschaftsboom

1883 setzte Otto von Bismarck, Reichskanzler (1871–1890) und Ministerpräsident Preußens (1862–1890), die Sozialgesetzgebung durch, die die Krankenversicherung für Arbeiter einführte. Ein Ziel Bismarcks war dabei, die Kampfbereitschaft der Sozialdemokraten zu schwächen. Diese Partei der Sozialdemokraten, die auf Karl Marx zurückgeht, gewann an Einfluss. Ab 1878, formal bis 1890, galt die Partei als illegal aufgrund der ‚Sozialistengesetze'.

Bismarck

---

1 Brief an den Maler Ludwig Pietsch, 27. 12. 1864 (Pauls, Volquart (Hg.): *Blätter der Freundschaft. Aus dem Briefwechsel zwischen Theodor Storm und Ludwig Pietsch.* Heide: Boyens, 1943, S. 153).

Nationale Identität ja, Demokratie nein

Die Gründung des Deutschen Reiches verwirklichte für viele den Wunschtraum der nationalen Identität. Der Wunsch nach einer Demokratie blieb aber unerfüllt, denn das Deutsche Reich wurde trotz der Existenz des Reichstages monarchisch-aristokratisch regiert.

Die Literaturszene

Blühende Zeitschriften-Kultur

Die ersten Jahre des Deutschen Reiches waren eine Blütezeit des Buchhandels. Durch den Fortschritt der Drucktechniken stieg die Zahl der veröffentlichten Bücher. Im Jahre 1888, als *Der Schimmelreiter* herauskam, erschienen in Deutschland 17 000 Buchtitel, die Zahl hatte sich seit 1870 fast verdoppelt. Gleichzeitig blühte die Zeitschriften-Kultur auf, die es schon seit etwa 1860 gab. Familienzeitschriften wie *Die Gartenlaube* und *Daheim* und Volkskalender boten Lesestoff zur Unterhaltung, aber informierten auch über die Fortschritte in der Industrie und den Naturwissenschaften. Manche Zeitschriften wie die *Deutsche Rundschau* spezialisierten sich auf literarische Texte. Das Bürgertum abonnierte die Zeitschriften, die Herausgeber konnten ihren Autoren gute Honorare bezahlen. Storms Novellen sind, ehe sie als Buch herauskamen, in solchen Periodika als Fortsetzungsgeschichten gedruckt worden; *Der Schimmelreiter* in der *Deutschen Rundschau* (1888).

Darwin und die Evolutionstheorie (1859/1860)

Ein Ergebnis der Naturwissenschaften erregte großes Aufsehen: Der Engländer Charles Darwin entdeckte die Evolution (Darwin: *On the Origin of Species by Means of Natural Selection*; 1859, deutsch 1860). 1861 las Storm in der Zeitschrift *Die Gartenlaube* die an Darwin orientierte Studie des Philosophen Ludwig Büchner: *Das Schlachtfeld der Natur oder der Kampf um's Dasein*.[2]

---

2 Siehe Fasold, S. 42.

Die Kombination von Unterhaltung und Information in den damaligen Zeitschriften begünstigte eine spezielle Richtung der Literatur, den Realismus, dem auch Storm zuzurechnen ist.

Realismus

Große Realisten sind
die Franzosen Honoré de Balzac (1799–1850) und Gustave Flaubert (1821–1880),
der Russe Iwan Turgenjew (1818–1883),
der Schweizer Gottfried Keller (1819–1890)
und der Preuße Theodor Fontane (1819–1898).
Storm stand im Briefwechsel mit Turgenjew, Keller und Fontane.

2.3 Angaben und Erläuterungen zu wesentlichen Werken

ZUSAMMEN-FASSUNG

Storm hat neben Lyrik mehr als 40 Novellen geschrieben. Wir unterscheiden hier zwischen Stimmungsnovelle, Chroniknovelle und sozialer Novelle.
Der Schimmelreiter ist Theodor Storms letztes Werk; es steht **zwischen Novelle und Roman**.

Hier eine Übersicht, in der wir einige bedeutendste Novellen nennen:

Storm 33 Jahre alt

1850

Novelle *Immensee* (1850):
Ein Junge und ein Mädchen empfinden kindliche Liebe. Im Mittelpunkt steht ein qualvolles Wiedersehen, nachdem das Mädchen einen anderen geheiratet hat. *Immensee* ist eine **Stimmungsnovelle**. Weitere Stimmungsnovellen sind *Ein grünes Blatt* (1854) u. a.

Aquis submersus (1876):
Durch Rahmentechnik (eine Chronik wird gefunden) Rückblick ins 17. Jahrhundert. Es geht um verbotene Liebe und um ein Kind, das durch die Nachlässigkeit des Vaters tödlich verunglückt. *Aquis submersus* ist eine **Chroniknovelle.** Weitere Chroniknovellen sind *Zur Chronik von Grieshuus* (1884) u. a.

In erster Linie sah sich Storm als Lyriker. Die Gedichte (*Die Stadt, Über die Heide, Oktoberlied, Die Nachtigall* u. v. a. m.) haben auf seine Prosa und speziell auf den *Schimmelreiter* eingewirkt. Storm hat gesagt: „Meine Novellistik ist aus meiner Lyrik erwachsen […].“[3]

Storm hat ferner Märchen und Spukgeschichten geschrieben. Auch die Spukgeschichten mit ihren unheimlichen Elementen (*Am Kamin*, 1862) haben den *Schimmelreiter* beeinflusst.

Hans und Heinz Kirch (1882): Der Sohn eines reichen Schiffseigners befriedigt nicht den Ehrgeiz seines Vaters, der ihn daraufhin verstößt. *Hans und Heinz Kirch* ist eine **soziale Novelle.** Weitere soziale Novellen sind *Viola tricolor* (1874), *Pole Poppenspäler* (1874), *Carsten Curator* (1878), *Der Herr Etatsrat* (1881) u. a.

Der Schimmelreiter (1888) – zwischen **Novelle** und **Roman.** Einfluss der früheren Novellen, vor allem der Chronik- und sozialen Novellen.

Tod Storms

1888

3 An Erich Schmidt, 1. 3. 1882 (*Storm – Schmidt.* II, S. 57).

3. TEXTANALYSE UND -INTERPRETATION

3.1 Entstehung und Quellen

ZUSAMMEN-
FASSUNG

→ Ab 1885 hat Storm am *Schimmelreiter* gearbeitet und dabei alte Sagen und Bücher über den Deichbau benutzt.
→ Die Sage *Der gespenstige Reiter* aus der Gegend von Danzig war die entscheidende Anregung.
→ Im April und Mai 1888 erscheint *Der Schimmelreiter* in der Zeitschrift *Deutschen Rundschau*.
→ Im Herbst 1888, nach Storms Tod, kommt das Buch heraus.

Studien

Seit 1885 hat Storm an dem Werk *Der Schimmelreiter* gearbeitet; am 3. Februar 1885 schrieb er an seinen Freund Erich Schmidt: „Jetzt aber rührt sich ein alter mächtiger Deichsagenstoff in mir, und da werde ich die Augen offen halten; aber es gilt vorher noch viele Studien!“[4] Seine Erfahrung in sozialen Konflikten (Storm, der Landvogt, der Richter!) war eine vorzügliche Grundlage. Er las Bücher über die Geschichte des Deichwesens. Er informierte sich über die historischen Deichspezialisten und Ingenieure, etwa den Deichgrafen Johann Claussen Rollwagen (1563–1623), den Mathematiker Hans Momsen (1735–1811) und den französisch-dänischen Deichbaumeister Jean Henri Desmercieres (1687–1778), der die flachen Deichprofile einführte. Vor allem aber:

---

4 *Storm – Schmidt.* II, S. 107.

- Storm besuchte mehrmals den Bauinspektor und Deich-Fachmann Christian Eckermann (1833–1904) in Heide und ließ sich von ihm wissenschaftlich belehren. Im Scherz meldete er am 16. Dezember 1887 seinem Verleger Elwin Paetel: „Ich werde nächstens auch einen Koog eindeichen können."[5]

Besuche bei einem Deich-Fachmann

- Storm erinnerte sich an alte Sagen und las sie zum Teil erneut. In seiner Heimat gab es Sagen, in denen Deiche und Pferde eine Rolle spielen. Die entscheidende Anregung war für ihn eine Gespenstersage aus der Gegend um Danzig: *Der gespenstige Reiter*. (Sie ist wiedergegeben in der von uns zitierten *Schimmelreiter*-Ausgabe, S. 101–103.) Storm hatte sie wohl 1838, als 21-Jähriger, gelesen, in dem damaligen Jahrgang der Zeitschrift *Lesefrüchte vom Felde der neuesten Literatur des In- und Auslandes. Gesammelt von J. J C. Pappe*. Zuerst war sie, ebenfalls 1838, in der Zeitschrift *Danziger Dampfboot* gedruckt worden. Es ist also nicht so, dass Storm die Sage als Kind bei seiner Urgroßmutter gelesen hätte; die Urgroßmutter-Szene auf der ersten Seite des *Schimmelreiters* ist erfunden. Auch von der Husumer Geschichtenerzählerin Lena Wies kann er die Sage nicht gehört haben, anders als er einmal erklärt hat.[6]

Beschäftigung mit alten Sagen

Die Wissenschaft des Deichbaus und alte Sagen haben Storm also gleichermaßen beeinflusst. Doch die Lebensgeschichte, die *Der Schimmelreiter* erzählt, ist Storms eigene Erfindung, wie auch das prägnante Wort ‚Schimmelreiter' von ihm stammt.

Unterbrochen wurde die *Schimmelreiter*-Arbeit durch die Niederschrift anderer Novellen (*Bötjer Basch*, *Ein Bekenntnis*). Eine schlimme Störung war Storms Erkrankung an Magenkrebs. An-

Magenkrebs

5 Zit. nach Eversberg (2010), S. 79.
6 Siehe Storms Erinnerung *Lena Wies* in: *Sämtliche Werke in vier Bänden*. Bd. 4, S. 179.

fang 1887 wurde der Krebs diagnostiziert. Im Mai 1887 ließ die Familie eine Scheinuntersuchung vornehmen und machte Storm weis, er habe doch keinen Krebs, was seine Schaffensfreude hob. Die Magenschmerzen blieben.

Text der Streichung siehe S. 91

Am 9. Februar 1888 schloss Storm das *Schimmelreiter*-Manuskript ab und sandte es dem Verleger Paetel in Berlin. Am 22. Februar und Anfang März 1888 ordnete er noch Änderungen an. Die letzte Änderung war eine Streichung von einer halben Seite im Schlussteil. (Sie ist wiedergegeben in diesen Erläuterungen, Kapitel ‚Materialien', S. 91.) *Der Schimmelreiter* erschien in der *Deutschen Rundschau* in zwei Folgen (April und Mai 1888) und als Buch im Herbst 1888. Für das Buch hatte Storm noch die Worterklärungen *Für binnenländische Leser* verfasst. Am 4. Juli 1888, vor Erscheinen des Buches, war Theodor Storm verstorben.

3.2 Inhaltsangabe

ZUSAMMENFASSUNG

Hauke Haien, der ‚Schimmelreiter', stammt aus einfachen Verhältnissen und steigt durch seinen Ehrgeiz und dank seiner Frau zum Deichgrafen auf. Er lässt einen neuen dauerhaften Deich bauen. Er und seine Familie gehen in einer Sturmflut unter.
Das Ganze wird innerhalb einer Rahmenerzählung dargeboten.

Drei Erzähler treten auf. Der dritte Erzähler, der Schulmeister, beginnt seinen Bericht (S. 5–8)

Erster Erzähler

Die Novelle beginnt mit einer Erinnerung: Der Erzähler erinnert sich, dass er als Kind bei seiner Urgroßmutter in einer Zeitschrift gelesen hat. Durch die Zeitschrift und wohl auch aus dem Mund der Urgroßmutter hat er eine Geschichte erfahren. Diese will er uns erzählen.

Zweiter Erzähler

Das Wort hat ein zweiter Erzähler, ein Reisender. Er hat in den 1820er Jahren an der Nordseeküste Verwandte besucht. Nach dem Abschied am Abend reitet er auf dem Deich entlang, eine Sturmflut naht. Er meint, einen dürren Schimmel und einen Reiter zu sehen, der mit „brennende[n] Augen" (S. 6) dicht an ihn herankommt. Ein Dorf und sein Gasthaus liegen am Weg, der Reisende tritt ein. Dort halten sich der Deichgraf und die Deichgevollmächtigten (weitere für die Unterhaltung des Deiches verantwortliche Männer) auf. Als der Reisende seine Begegnung berichtet, rufen sie aus: „Der Schimmelreiter!" (S. 8). Im Gasthaus ist auch ein „Schulmeister"; ihn fordert man auf, vom Schimmelreiter zu erzählen. Er ist der

Dritter Erzähler

dritte Erzähler. Abgesehen von fünf Unterbrechungen und den Schlusszeilen **spricht ab jetzt nur noch dieser dritte Erzähler, der Schulmeister**.

Hauke Haien, klug und ein Sonderling, wächst heran (S. 9–19)

Vater Tede einfacher Bauer

Im 18. Jahrhundert lebten in dem erwähnten Dorf Tede Haien und sein Sohn Hauke. Tede ist ein einfacher Bauer. Angeregt von dessen Berechnungen, interessiert sich Hauke für das Rechnen und die Geometrie, speziell für das Geometrie-Buch des griechischen Mathematikers Euklid. Der Vater setzt den Jungen zu Kärrner-Arbeiten am Deich ein, doch der Junge hat das Geometrie-Buch immer dabei. Er denkt sich neue Deichmodelle aus, die ein flaches Profil haben. Die Schönheit der Natur ist ihm gleichgültig, doch Nebelschwaden, die wie Gespenster aussehen, faszinieren ihn.

Tötung des Katers

Einige Jahre vergehen. Hauke quetscht auf grausame Weise einen Angorakater zu Tode, das Lieblingstier von Trien' Jans, einer alleinlebenden Frau. Trien' beschwert sich bei seinem Vater, der sie mit einer Silbermünze entschädigt. Vater Tede will nun, dass Hauke woanders einen Dienst antritt.

Hauke ist Knecht beim Deichgrafen (S. 19–27)

Vater Tede und Sohn Hauke Haien sprechen beim Deichgrafen Tede Volkerts vor. Dieser ist bereit, Hauke als Kleinknecht einzustellen. Hauke könne ihn, sagt er, auch bei seiner Deichgraf-Arbeit am Schreibtisch unterstützen. Hauke findet Elke, die Tochter des Deichgrafen, sympathisch.

Hauke tritt den Dienst an. Dass er auch Rechen- und andere Schreibtischtätigkeiten übernimmt, ärgert den Großknecht Ole Peters, der jetzt niedere Arbeit tun muss. Hauke beseitigt manchen „Schlendrian" (S. 26) in der Verwaltung des Deichgrafen. Dem kontrollierenden Oberdeichgrafen fallen diese Fortschritte auf. Zwei Jahre vergehen.

Hauke zeichnet sich aus

Das Winterfest (S. 27–35)

Es findet im Winter ein Fest statt, das ‚Eisboseln', bei dem mit Kugeln geworfen wird und die Mannschaften aus dem Marschdorf und dem Geestdorf gegeneinander antreten. Ole Peters, der im Festausschuss mitwirkt, will Hauke, den Kleinknecht, vom Spiel ausschließen, doch dank seiner Stellung als Helfer des Deichgrafen darf er mitmachen.

Ole Peters als Feind Haukes

Hauke gelingt der entscheidende Wurf, sodass seine Mannschaft (das Marschdorf) siegt. Am Abend möchte Ole Peters mit Elke tanzen, doch sie wartet lieber auf Hauke, der sich dafür allerdings zu ungeübt fühlt. Doch nach Hause zum Deichgrafhof gehen Hauke und Elke Hand in Hand.

Elke und Hauke

Haukes Vater stirbt (S. 35–39)

Ole Peters verlässt den Dienst beim Deichgrafen. Hauke Haien ist nun der Großknecht. Tede Haien stirbt, sagt aber noch seinem Sohn Haien, dass er ihm eine Karriere als Deichgraf wünsche und dass er in der letzten Zeit seinen Besitz vergrößert habe. Hauke übernimmt den Hof seines Vaters. Der Deichgraf hätte gern wieder Haukes Mitarbeit; dies teilt er ihm schon am Tag nach dem Begräbnis mit.

Hauke als Großknecht und als Hofbesitzer

Der Deichgraf stirbt, Hauke steht als sein Nachfolger bereit (S. 40–47)

Wechsel des Erzählortes

(Bis jetzt hat der Schulmeister in der Gaststube erzählt; nun geht er mit dem Reisenden in den ersten Stock, in eine Art Bibliothek, und berichtet weiter.)

Hauke hat nur geringen Grundbesitz und hat, wegen seines Kampfes gegen den Schlendrian des alten Deichgrafen, einige Gegner im Dorf. Trotz dieser schlechten Voraussetzungen hat er den Ehrgeiz, Deichgraf zu werden. Er empfindet manchmal „Hass" (S. 41) gegenüber den Dorfbewohnern.

Bei einer Hochzeitsfeier im Dorf übergibt Hauke Elke einen Ring. Sie weiß nun, dass er sie heiraten möchte, spürt aber auch, dass er Deichgraf werden will.

Elke überträgt ihr Erbe Hauke

Der Deichgraf stirbt. Es gibt eine große Leichenfeier; der Oberdeichgraf diskutiert mit anderen darüber, wer Deichgraf werden soll. Da verkündet Elke, dass sie ihr väterliches Erbe Hauke übertrage, der sie heiraten werde. Damit ist Hauke schon jetzt ein reicher Mann, die Karriere als Deichgraf steht ihm offen.

Hauke ist Deichgraf. Er plant einen neuen Deich (S. 47–52)

Deichgraf kontra Dorfbewohner

Seit sieben Jahren ist Hauke Haien Deichgraf, Elke ist seine Frau. Die Arbeit ist für beide groß. Die Bauern kritisieren Hauke, weil er ihnen viel Einsatz für die Deicherhaltung abverlangt. Viele, vor allem Ole Peters, werfen ihm vor, nur durch seine Frau sei er Deichgraf geworden. Haukes Hass auf die Dorfbewohner wächst.

Doch denkt Hauke weiter als an die Reparaturen. Er plant voller Begeisterung Verlauf und Profil eines neuen Deiches. Er hat den neuen Koog, also das neue fruchtbare Land, schon vor seinen geistigen Augen, ebenso den Umstand, dass sich sein Besitz dadurch vergrößern wird.

Elke macht Einwände: Sie nennt den Widerstand der Dorfbewohner, die Gefahr eines alten, schwerlich zu stopfenden Prieles, die Kosten. Doch Hauke hält an seinem Plan fest.

Die Vorarbeiten für den neuen Deich finden statt: monatelange Landvermessungen, Auslotungen, Zeichnungen, Anträge. Hauke arbeitet immer bis in die Nacht. Die Unterlagen gehen an den Oberdeichgrafen und höhere Behörden; Hauke wartet auf die Genehmigung seines Planes.

Hauke kauft einen Schimmel (S. 52–61)

Der Schimmel auf der Hallig

Iven und Carsten, Dienstpersonal beim Deichgrafen Hauke, beobachten im Mondschein die Hallig Jeverssand und meinen, dort einen Schimmel weiden zu sehen. Es könnte, fantasieren sie, das Pferdegerippe sein, das sonst dort liegt und nachts lebendig wird. Als Carsten zur Klärung einmal nachts zur Hallig fährt, findet er nur das Gerippe, während Iven vom Deich aus weiter den Schimmel sieht.

Eines Tages kommt Hauke aus der Stadt zurück mit einem elend mageren Schimmel. Er erzählt Elke, er habe ihn von einem vagabundierenden Pferdehändler, der teuflisch gelacht habe, gekauft. Hauke kümmert sich fortan persönlich um den Schimmel. Dieser wird im Laufe der Wochen ein vorzügliches Reittier, das nur Hauke und keinen anderen aufsitzen lässt.

Auf Jeverssand ist das Pferdegerippe verschwunden. Carsten geht in den Dienst Ole Peters' und verkündet, Haukes Schimmel sei das auferstandene Gerippe.

Mathias Wieman als Hauke; Deichbauarbeiten im Film *Der Schimmelreiter*, entstanden 1933

Der neue Deich: erster Bauabschnitt (S. 61–68)

Der Oberdeichgraf genehmigt den neuen Deich; die Bauarbeiten stehen bevor. Hauke hat in den Versammlungen Mühe, die Bauern von der Bedeutung des Deiches mit dem flachen Profil zu überzeugen und eine gerechte Verteilung der gewaltigen Arbeitslasten vorzunehmen. Zwei Feldmesser werden eingestellt. Ole Peters wirft Hauke vor, durch seinen früheren Ankauf gewisser Landanteile habe er den Deichbau zu seinem finanziellen Vorteil geplant.

Ole wirft Hauke Vorteilnahme vor

Die Erd- und Bauarbeiten finden statt. Hauke verteilt bei seinen Kontrollritten zu den Baustellen Lob und viel Tadel.

Haukes Tochter kommt zur Welt. Der Deichbau wird beendet (S. 68–76)

Elke bringt eine Tochter zur Welt. Sie erkrankt dabei und ist dem Tode nahe. In einem Gebet zu Gott spricht Hauke den Gedanken aus, Gott sei allweise und gerade dadurch nicht allmächtig („du kannst nicht allezeit, wie du willst“; S. 69). Haukes Kritik an Gott spricht sich im Dorf herum; er tritt nun umso strenger auf.

Als letzte Arbeit am Deich muss die Lücke („die Schlucht“; S. 72) zwischen altem und neuem Deich ausgefüllt werden. Die Dorfbewohner wollen aus Aberglauben etwas Lebendiges mit eingraben. Hauke verbietet es und nimmt den dafür vorgesehenen Hund mit zu sich.

„Was Lebiges“ muss hinein

Der Deichbau wird abgeschlossen. Man feiert; der Oberdeichgraf und die Behörden loben das Werk. Hauke hört, dass man im Dorf das eingedeichte Land „Hauke-Haien-Koog“ nennt; er jubelt.

Haukes Tochter ist schwachsinnig (S. 76–84)

Drei Jahre sind vergangen. Haukes und Elkes Tochter Wienke erweist sich als schwachsinnig. Auf Elkes Vorschlag wird die nun 80-jährige Trien' Jans in die Familie aufgenommen. Trien' kümmert sich um Wienke; eine zahme Möwe und der gerettete Hund sind oft dabei. Trien' erzählt Wienke die Sage von einer Meerfrau. Hauke erklärt Wienke, dass es solche Wesen nicht gebe.

Trien' Jans wird aufgenommen

Hauke und Elke sprechen über ihre schwachsinnige Tochter. Hauke tröstet Elke: Er habe die Tochter lieb.

Der Schaden am alten Deich (S. 84–89)

Hauke erkrankt und schwebt in Lebensgefahr. Im Frühjahr entdeckt Hauke, dass die Stelle zwischen altem und neuem Deich schadhaft geworden ist; der alte Deich ist da unterhöhlt. Eine Sturmflut würde den alten Deich durchbrechen und den alten Koog überschwemmen. Die Reparatur des alten Deiches ist also notwendig. Doch Ole Peters, den „ein zäher Widerstand" (S. 87) gegen Hauke erfüllt, warnt Hauke vor neuen Arbeitsaufträgen an die Bewohner, spielt die Gefahr herunter und rät von der Reparatur ab. Hauke fühlt sich kraftlos, gibt nach und veranlasst nur kleine Befestigungsarbeiten.

Ole Peters rät von der Reparatur ab

Doch die gefährdete Stelle im alten Deich macht ihn unruhig.

Die Sturmflut. Der Tod Hauke Haiens und seiner Familie (S. 89–99)

Trien' Jans stirbt; in ihrer Todesstunde sieht sie eine Sturmflut voraus.

In der Nacht vor dem 1. November 1756 tritt eine Sturmflut ein. An der gefährlichen Stelle zwischen den Deichen postiert Hauke Männer, die Pfähle und Säcke anbringen sollen. Das „Brüllen des Sturmes" und das „Klatschen des Meeres" (S. 93) machen allen Angst.

Flucht vor der Sturmflut; Film *Der Schimmelreiter*, entstanden 1933

Hauke reitet auf dem Schimmel hinaus. Er sieht, dass die Männer den Posten verlassen haben und an anderer Stelle stehen. Auf Oles Geheiß haben sie vor, den neuen Deich – Haukes Deich – zu durchstechen und so das Wasser vom alten Deich abzulenken. Nur der neue Koog würde dann überschwemmt. Hauke verbietet den Durchstich.

Der alte Deich bricht

Wie befürchtet war, bricht der alte Deich. Hauke wird klar, dass er die Reparatur des alten Deiches doch hätte durchführen sollen. („Ich habe meines Amtes schlecht gewartet!“, S. 97.) Das Wasser überschwemmt den alten Koog und das Dorf; der neue Deich und der neue Koog bleiben unversehrt. Elke und ihre Tochter kommen Hauke in einem Wagen entgegen. Der alte Deich zerfällt weiter unter den Wassermassen, der Wagen versinkt in der Flut. Hauke begeht Selbstmord; er stürzt sich mit seinem Schimmel in das Wasser. Die ganze Familie geht damit zugrunde.

Der Schulmeister beendet seinen Bericht (S. 99 f.)

Der Schulmeister sagt zum Schluss, dass Haukes Deich „noch jetzt nach hundert Jahren" stehe. Dank habe man Hauke Haien nie dargebracht, und nach Ansicht mancher Leute gehe er mit seinem Schimmel als Gespenst um.

Der Reisende (der zweite Erzähler) bricht auf im Sonnenschein in Richtung Stadt.

3.3 Aufbau

Die Rahmenstruktur

DIE RAHMENSTRUKTUR

1888 Ein „Ich" (erster Erzähler) erinnert sich, dass er bei seiner Urgroßmutter eine Geschichte erfahren hat.

1820-er Jahre Die erwähnte Geschichte. Ein Reisender (zweiter Erzähler) berichtet.

1732–1756 Die eigentliche Schimmelreiter-Geschichte. Der Schulmeister (dritter Erzähler) berichtet.

Der Schulmeister unterbricht sein Erzählen: S. 39 f. (kurze Unterbrechungen S. 10, 14, 52 f., 89).

Anhang

Für binnenländische Leser.

Worterklärungen, von Storm beigefügt.

S. 5, 1. Absatz	**S. 5, 2. Absatz – S. 8**	**S. 9–99**	**S. 99 f.**	**S. 112**

Hauke Haiens Entwicklung

1732 Haukes Streben: Deichgraf werden | Haukes Streben: einen neuen Deich bauen **1756**

Der junge Hauke interessiert sich für Mathematik und Deiche, S. 9 f.

Hauke heiratet Elke, wird Deichgraf und erlebt ruhige Ehejahre, S. 47

Sturmflut: Der neue Deich hält, der alte Deich bricht. Hauke und seine Familie kommen um.

Chronologie

Hauke Haien, der Schimmelreiter, ist eine erfundene Gestalt. Storm nennt aber Daten („Mitte des vorigen Jahrhunderts", S. 9; „das Jahr 1756", S. 89), und er macht Angaben zu Haukes Lebensabschnitten: Hauke „kaum vierundzwanzig" (S. 45), „sieben Jahr im Amt" (S. 49) u. a. Es ergibt sich eine Lebens-Chronologie.

JAHR	ALTER	EREIGNIS
1717		Hauke Haien wird geboren.
1732	15 Jahre	Hauke liest das Geometrie-Buch des Euklid (S. 10).
1735	18 Jahre	Er tötet den Angorakater der Trien' Jans (S. 15). Er wird Knecht beim Deichgrafen.
1738	21 Jahre	Januar: Winterfest, Eisboseln (S. 27–35).
1740	23 Jahre	September: Haukes Vater stirbt (S. 38).
1741	24 Jahre	Hauke übergibt Elke den Ring: Eheversprechen. Nach Ostern: Der alte Deichgraf stirbt, Beerdigung („große Leiche", S. 42), Elke überschreibt Hauke ihren Besitz.
1742	25 Jahre	Hauke heiratet Elke und wird Deichgraf (Rückblick S. 47).
1749	32 Jahre	Hauke plant seinen neuen Deich (S. 48–50).
1750	33 Jahre	Vorbereitung des Deichs beendet, Antrag an die Behörde (S. 52). Ende März: Hauke kauft den Schimmel (S. 57–59). Der neue Deich: erster Bauabschnitt beendet. Tochter Wienke wird geboren (S. 68).
1751	34 Jahre	November: Hauke verhindert das Eingraben eines Hundes (S. 73 f.). Nächster Tag: Letzter Spatenstich am neuen Deich.
1755	38 Jahre	Trien' Jans zieht zu Haukes Familie (S. 77). Sommer: Gespräch über die geliebte schwachsinnige Tochter.

JAHR	ALTER	EREIGNIS
1756	39 Jahre	März: Der Schaden am alten Deich (S. 85 f.); Hauke reagiert nicht angemessen. Ende September: Trien' Jans stirbt (S. 89). Nacht vor dem 1. November (Allerheiligen): die Sturmflut. Hauke und seine Familie kommen um.

Im Jahre 1756, und zwar am 7. Oktober, hat es tatsächlich eine Sturmflut gegeben, allerdings ohne große Schäden. Storm hat sich von den schlimmen Sturmfluten des Allerheiligentages von 1436, 1532 und 1570 leiten lassen.[7] Der Allerheiligentag war berüchtigt, wie Storm betont: Es sei ein Tag, „von dem wir sagen, dass Friesland ihn wohl beklagen mag“ (S. 11 f.).

Schauplatz

Storm hatte das Marschdorf Sterdebüll vor Augen, 7 km nördlich von Husum, wo es im 17. Jahrhundert im Zuge der Eindeichungen einen ‚neuen Koog' gab. Das Gasthaus von Sterdebüll, der zentrale Ort der Novelle (hier erzählt der Schulmeister), heißt heute ‚Schimmelreiter-Krug'. Das auch erwähnte Geestdorf ist Hattstedt. Jetzt gehören beide Orte zur Gemeinde Hattstedter Marsch, Kreis Nordfriesland. Die „Stadt“, die am Anfang, am Ende und beim Pferdekauf (S. 57) genannt wird, ist Husum.

Der im Folgenden skizzierte Hauke-Haien-Deich ist erfunden.[8] Der heute existierende „Hauke-Haien-Koog“ liegt 25 km weiter nördlich. Er wurde erst 1961 eingeweiht und zu Ehren Storms so benannt.

---

7 Siehe Holander, S. 73 f.
8 Skizzen auch in Wagener, S. 4, und Laage (2006), S. 140; zahlreiche Landkarten in Eversberg (2010).

Trien' Jans
Hallig Jeverssand
Deichbruch am Ende
das Meer (das Haff): Wattenmeer
geplanter Durchstich
(vor dem Deichbruch)
Wirtshaus
Dorf „unten"
(Marschdorf)
Geestdorf („droben")
mit Kirche, Friedhof
neuer Deich (Hauke-Haien-Deich)
alter Deich (später Binnendeich)
Hof des Deichgrafen
mit Esche
Vorland, später
Hauke-Haien-Koog
(1000 Demat, d. h.
ca. 5 km²)
Koog
Stadt
1 km

3.4 Personenkonstellation und Charakteristiken

ZUSAMMEN-FASSUNG

Die **Hauptpersonen** sind
Hauke Haien:
→ vielseitig begabt,
→ ehrgeizig,
→ ein Rationalist, also ein Verstandesmensch,
Elke, Haukes Frau:
→ intelligent,
→ selbstbewusst,
→ sieht ihren Lebenssinn in der Ehe,
sowie
Haukes Vater: ein einfacher, aber kluger Bauer,
Elkes Vater: reich, Deichgraf, in diesem Amt unfähig,
Ole Peters: Großknecht, der Gegner Hauke Haiens,
Trien' Jans: eine alleinlebende Frau, naturverbunden.

Übersicht

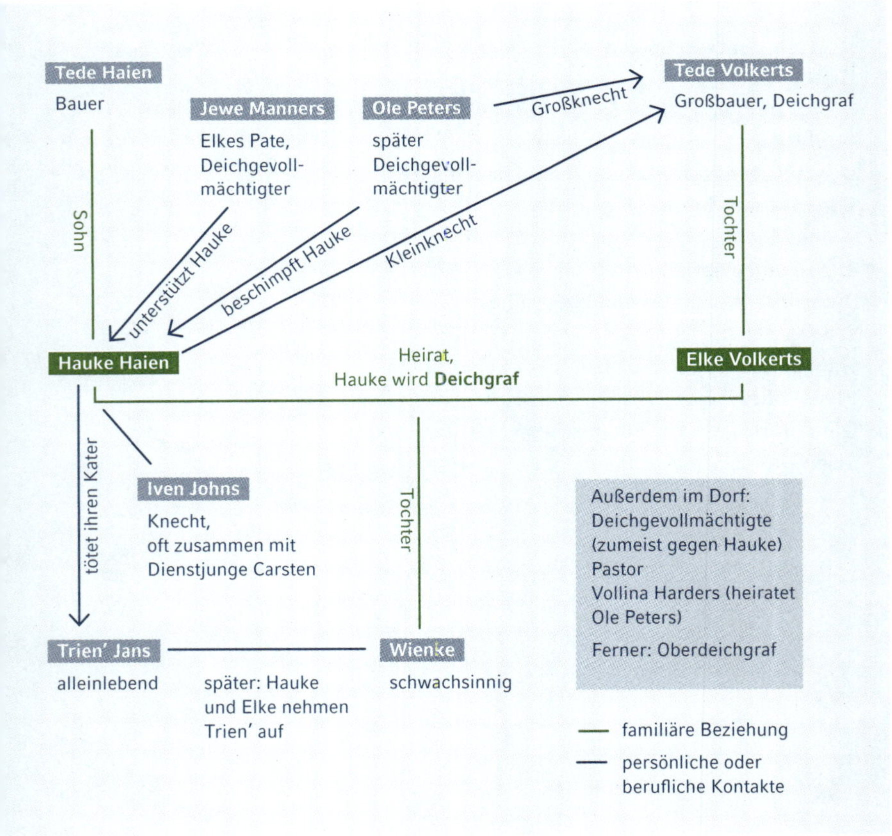
Tede Haien
Bauer
Sohn
Jewe Manners
Elkes Pate, Deichgevoll-mächtigter
Ole Peters
später Deichgevoll-mächtigter
Großknecht
Tede Volkerts
Großbauer, Deichgraf
Tochter
unterstützt Hauke
beschimpft Hauke
Kleinknecht
Hauke Haien
Heirat,
Hauke wird **Deichgraf**
Elke Volkerts
tötet ihren Kater
Iven Johns
Knecht,
oft zusammen mit
Dienstjunge Carsten
Tochter
Trien' Jans
alleinlebend
später: Hauke
und Elke nehmen
Trien' auf
Wienke
schwachsinnig
Außerdem im Dorf:
Deichgevollmächtigte
(zumeist gegen Hauke)
Pastor
Vollina Harders (heiratet
Ole Peters)
Ferner: Oberdeichgraf
familiäre Beziehung
persönliche oder
berufliche Kontakte

Die Hauptpersonen

Hauke Haien,

genannt der „Schimmelreiter“ (S. 67), ist hager (S. 32) und groß („die lange Friesengestalt“, S. 45), blond (S. 9), ein Mann mit „klugen grauen“ (S. 45) und „scharfen Augen“ (S. 13).

Vielseitig begabt

Hauke ist ein vielseitig begabter Junge. Er interessiert sich für das Rechnen und die Geometrie, und er lernt holländisch (S. 9 f.), um das Geometrie-Buch des griechischen Mathematikers Euklid lesen zu können. Er hat das Buch immer bei sich, körperliche Arbeit lenkt ihn von dem Buch nicht ab (S. 10). Als Knecht beim Deichgrafen hilft er ihm bei seinen Berechnungen „mit Feder oder Rechenstift“ (S. 22). Hauke setzt sein Wissen in die Praxis um, seine Schreibtischarbeit ist die Vorbereitung für das Leben. Er ist beim Eisboseln – Werfen von Kugeln – erfolgreich, weil er dieses Tun mathematisch-physikalisch durchdenkt: „Mathematik und Wurfkunst“ gehören bei ihm zusammen (S. 31). Vor allem ist seine Idee eines neuen Deiches mathematisch fundiert: nach der Euklid-Lektüre zeichnet er „das Profil der Deiche“ (S. 12).

Rationalist

Hauke ist also ein Verstandesmensch, ein Rationalist. Daher will er die Natur und ihre Erscheinungen ergründen und beherrschen. Schon als Kind betrachtet er den „Dampf und Nebel“ über den Rissen (S. 13), und später erklärt er seiner Tochter die grausame Natur (S. 84). Er kämpft gegen den Aberglauben seiner Mitmenschen; etwa gegen die Vorstellung, man müsse etwas Lebendiges in den Deich eingraben, damit er hält (S. 73). Zugleich zieht ihn das Unheimliche an. Er kauft einen seltsam elenden Schimmel (S. 59) und macht ihn zu seinem Lieblingstier. Für die Schönheit der Natur – Kühe, Schafe, blühende Bohnen – hat er keinen Sinn (S. 10).

Einsam

Bei alledem ist Hauke einsam, ja er erstrebt die Einsamkeit. Vor allem den Plan eines neuen Deiches fasst er ganz allein (eine „Kalkulation überkam ihn“, S. 49). Sogar Diskussionen mit Elke meidet er manchmal („weiter sagte er nichts; er wollte sich die Freiheit seines Handelns vorbehalten", S. 87). Gewiss passt der intelligente Hauke nicht recht zu seinen Mitmenschen, aber er bemüht sich auch nicht um Freundschaften – nicht einmal mit Schulkameraden (die „mit ihm auf der Schulbank gesessen hatten", S. 12). Angesichts seiner Gegner empfindet er „Ehrsucht" und „Hass" (S. 41), und die, die ihm vorwerfen, nur dank Elke sei er aufgestiegen, nennt er „Hunde!" (S. 48). Wenn er sich doch den Dorfbewohnern zuwendet, so zu dem Zweck, die Deichbauarbeit anzutreiben (S. 65–67).

Ehrgeizig

Von Anfang an ist Hauke ehrgeizig: Er tötet den Angorakater, weil der ihm einen erbeuteten Vogel entrissen hat (S. 15). Schon als Kind fordert er: „Die Deiche müssen anders werden" (S. 11), und als sein Vater meint, er werde es wohl zum Deichgrafen bringen, sagt er: „Ja, Vater!" (S. 11). Sein Plan eines neuen Deiches ist von seinem Ehrgeiz gesteuert: Er will zeigen, dass er zu Recht Deichgraf ist (nicht nur „von meines Weibes wegen!", S. 49), er will der Schöpfer fruchtbaren Landes sein, und er will immer reicher werden („er begann zusammenzuzählen", S. 49).

Pflichtbewusst

Hauke Haien hat ein großes Pflichtgefühl. Sein neuer Deich soll ein Gewinn für die Gemeinschaft sein. Er weiß, dass er durch die Missachtung des alten Deiches, die unterlassene Reparatur, gegen seine Pflicht verstößt; er hat einen „Gewissensbiss" (S. 88). Er bestraft sich selbst durch den tödlichen Sprung in die Flut: „Herr Gott, nimm mich; verschon die andern!" (S. 98). Pflichterfüllung verlangt er auch von seinen Mitmenschen. Er bemerkt ihre Vergehen gegen „die Deichordnung" (S. 24) und ermahnt den Deichgrafen zum Einschreiten (S. 25). Als Deichgraf sorgt er für Ordnung: „Er fegte mit einem scharfen Besen." (S. 47)

Mathias Wieman als Hauke im Film *Der Schimmelreiter*, entstanden 1933

Zu seiner Pflicht steht er auch als Ehemann und Vater. Er hält treu zu seine Frau gerade bei ihrer Krankheit (S. 69 f.). Er behütet seine schwachsinnige Tochter („ich hab sie lieb“, S. 81) und tröstet nachhaltig Elke, die an dieser Tochter leidet (S. 82). So hält er in dieser psychischen Not die Ehe zusammen. Als Junggeselle hat er sich gewissenhaft um Elkes Zuneigung bemüht (wo er doch „kein Held den Frauen gegenüber“, also schüchtern ist!, S. 33): Er besorgt den Ring, den er ihr als sein Versprechen übergibt (S. 35, 41).

Elke Volkerts

ist die Tochter des Deichgrafen Tede Volkerts und wird Hauke Haiens Ehefrau. Elke ist schlank (das „ranke“ Mädchen mit dem „schmalen Antlitz“, S. 19). Wir lesen von ihren „trotzigen Augen“ (ebd.) und ihren „zornigen Augen“ (S. 31) und von ihren Brauen,

Selbstbewusst und intelligent

die über den Augen zusammenwachsen (S. 19). Sie ist also streng und selbstbewusst.

Elke ist intelligent. Schon ihrem Vater hat sie bei den Berechnungen geholfen (S. 22). Sie ist auch eine lebenskluge Frau; sie versteht, das Gespräch mit Oberdeichgraf und Pastor zu führen (S. 45). Sie sorgt dafür, dass ihr Verlobter Hauke Deichgraf werden kann, indem sie ihm ihr Eigentum überschreibt (S. 45 f.).

Sinn ihres Lebens ist die Ehe

Als Ehefrau steht sie mit ihrem Mann in einer Schaffensgemeinschaft („es war Arbeit genug für beide", S. 51). Sie hat hausfrauliche Fähigkeiten; beim Aufräumen sagt sie: „Das können nur wir Frauen!" (S. 38). Wir folgern: Elke sieht den Sinn ihres Lebens in ihrer Ehe, im Zusammensein und Zusammenarbeiten mit ihrem Mann. Die Tatsache, dass sie von ihrer Krankheit genest, drückt sie für Hauke so aus: „Ich bleibe bei dir!" (S. 70).

Bei Haukes Entscheidungen bringt Elke ihre Einwände vor – als Hauke den elenden Schimmel kauft (S. 59) und vor allem, als er den Deichbau plant („Sei nicht zu rasch, Hauke", sagt sie, S. 50) – und zwingt ihn damit, alles gut zu durchdenken. Sie handelt auch selbstständig, als sie die alte Trien' Jans in die Familie holt (S. 77) und als sie Haukes Strenge gegenüber den Arbeitern nachträglich mildert („Elke ging mitunter leise bessern", S. 71).

Liebe zur behinderten Tochter

Kommt mit Mann und Tochter am Ende um

In einem Punkt wird Elke schwach. Als sie merkt, dass ihre Tochter geistig behindert ist, leidet sie und hat sogar Schuldgefühle („was hab ich arme Mutter denn verschuldet?", S. 81). Von Hauke lernt sie, dieses Kind ernst zu nehmen und „zu lieben" (S. 82), was letztlich ihr innerer Wunsch ist. Zu ihrer tiefen Bindung an den Ehemann tritt nun die tiefe Bindung an ihre Tochter. Als sie Hauke in der Todesgefahr der Sturmflut weiß, kommt sie ihm mit ihrer Tochter nach (S. 98) und geht unter.

Die beiden Väter Tede Haien und Tede Volkerts:

Hauke und Elke wachsen bei ihren Vätern auf, die Mütter sind offenbar früh gestorben. Haukes und Elkes Eheschließung findet nach dem Tod der Väter statt.

Der klügste Mann im Dorf

Tede Haien ist ein einfacher Bauer, aber „der klügste Mann im Dorf" (S. 40). Aus Liebhaberei betreibt er das Landvermessen und macht seinen Sohn Hauke auf das Rechnen und die Geometrie neugierig. Als Haukes Geometrie-Begeisterung immer größer wird, versucht er, Hauke abzulenken (der Hof muss ja bewirtschaftet werden!). Doch schließlich lässt er ihn gewähren: „Du kannst es ja vielleicht zum Deichgraf bringen [...]!" (S. 11). Er sagt dies halb im Scherz, doch fortan engagiert er sich für dieses Ziel seines Sohnes. Er sorgt dafür, dass Hauke Knecht wird beim Deichgrafen Tede Volkerts (S. 20–22), und er vergrößert seinen Besitz, um Hauke bessere Chancen zu verschaffen (S. 38).

Für das Deichgrafenamt nicht geeignet

Tede Volkerts ist Deichgraf geworden, weil er reich ist und sein Vater und sein Großvater Deichgrafen waren (S. 18). Doch er ist für das Amt nicht geeignet. Er ist träge; bei wichtigen Gesprächen isst er (mit Vorliebe Fettes, S. 20) oder schläft ein (S. 25). Er ist seinem Amt geistig nicht gewachsen; er ist, sagt Tede Haien, „dumm wie 'ne Saatgans" (S. 18). Seine Tochter Elke und der Lehrer müssen ihm bei seinen Aufgaben helfen (S. 18 f.), und er freut sich, auch Hauke als Helfer zu bekommen (S. 22).

Er selbst sieht ein, dass er überfordert ist; er sagt zu Elke und Hauke: „Danket Gott, dass ihr nicht Deichgraf seid!" (S. 25) Als durch Hauke seine Amtsführung besser läuft und er sogar vom Oberdeichgrafen gelobt wird (S. 27), fühlt er sich wie verjüngt („allezeit frisch und munter", S. 26).

Lundenberg, Hof des Deichgrafen Johann Iwersen Schmidt (1798–1875) in der Hattstedter Marsch. Aquarell von Julius Grelstorff (1779). Ein Vorbild für den „Deichgrafenhof" in der Novelle © Theodor-Storm-Gesellschaft

Jewe Manners, der Helfer Haukes, und Ole Peters, der Gegner Haukes:

Hohes Ansehen im Dorf

Tritt für Hauke ein

Jewe Manners, ein „alter weißhaariger Mann", der im Laufe der Handlung stirbt, ist Elkes Pate und einer der Deichgevollmächtigten (S. 62). Er erkennt, dass Hauke als Deichgraf geeignet ist (S. 45), und gibt ihm später, als Hauke im Dorf angegriffen wird, Rückendeckung. Er erklärt, dass Haukes Deich notwendig und von Dauer sein werde (S. 63). Jewe steht in hohem Ansehen im Dorf und bei der Behörde (man fragt ihn, ob er Deichgraf werden wolle, S. 44). Sein Eintreten für Hauke ist diesem eine große seelische Stütze.

Haukes Gegner

Ole Peters ist am Anfang Großknecht beim Deichgrafen, später einer der tonangebenden Deichgevollmächtigten, ohne dafür kompetent zu sein. (Ole gehört „in Deichsachen nicht zu den Klugen“; S. 71). Als Großknecht blickt er auf den Kleinknecht Hauke herab und wird neidisch, als der Deichgraf Hauke an den Schreibtisch ruft. Ole beschimpft Hauke als „verfluchten Schreiberknecht“ (S. 23). Nach Haukes Aufstieg bringt Ole die Verhöhnung Haukes in Umlauf: „Der alte wurde Deichgraf von seines Vaters, der neue von seines Weibes wegen.“ (S. 48)

Neid auf Hauke

Ole verkauft freiwillig Anteile im Vorland an Hauke (S. 49). Später aber, als der neue Koog diese Anteile umfasst, wirft er Hauke vor, er habe sie ihm heimtückisch abgehandelt (S. 65 f.). Er empfiehlt Hauke, auf Reparaturen am alten Deich zu verzichten (S. 87), ein Rat, dem Hauke folgt und den er bei der Katastrophe als absichtlich falsch erkennt: „Ole Peters' böses Maul“ (S. 97).

Absichtlich falscher Rat

Die Gegnerschaft zwischen Hauke Haien und Ole Peters lässt sich zum Teil von daher verstehen, dass sie ähnliche Lebensläufe haben. Beide sind Knechte beim alten Deichgrafen, beide versuchen, Elke zu gewinnen (Ole ohne Erfolg; S. 34 f.), auch Ole wird durch eine Heirat wohlhabend (Hochzeit mit Vollina Harders; S. 36, 48). Ferner: Ole wird nach Jewe Manners' Tod sein Nachfolger als Deichgevollmächtigter, so wie Hauke Nachfolger des Deichgrafen wird.

Trien' Jans

lebt allein in einer Kate auf dem Deich, abgesondert vom Dorf. Vor langer Zeit ist sie Magd bei Elkes Großvater gewesen (S. 24). Später nimmt Elke sie in ihre Familie auf (S. 77), und dort stirbt sie (S. 89). Sie ist nach Hauke die interessanteste Gestalt. Sie hatte einen Sohn, der zur See gefahren und bei einem Sturm an der Küste umgekommen ist (S. 15). Trien' war wohl nie verheiratet, denn sie spricht von ihrem „jungen Schatz im Bett“ (S. 17). Ist ein Liebhaber gemeint oder ein Baby?

Naturverbunden, tierlieb, abergläubisch

Trien' ist mit der Natur verbunden; Tiere sind wichtig für ihr Gefühlsleben. Als Hauke ihren Angorakater getötet hat, sagt sie, solch ein Tier sei „mehr" als „Haus und Hof" (S. 16). Sie legt dem toten Kater, als wäre es ein Mensch, „die Tatzen zusammen" (S. 17). Später erzählt sie Haukes Tochter die abergläubische Sage von der Wasserfrau. (Den Aberglauben besprechen wir in Abschnitt 3.6, S. 67 f.)

Verbindung zur weiten Welt

Trien' Jans hat Verbindung zur weiten Welt, wie einige Symbole besagen: Ihr Angorakater stammt letztlich aus Züchtungen der Türkei (‚Angora' bedeutet Ankara), ihr Sohn war in Südamerika (auf einer „spanischen Seereise", S. 14), und sie besitzt „eine Schatulle von Zuckerkistenholz" (S. 77), also ein Objekt aus Mittelamerika. Außerdem hat Trien' etwas Unwirkliches und Märchenhaftes an sich. Denn die Altersangaben über sie widersprechen sich – sie stirbt als „fast [N]eunzigjährige" (S. 89) und ist ein Jahr vorher „achtzigjährig" (S. 77) –, und vor allem sagt sie die Sturmflut voraus („Gott gnad de annern!", S. 89).

Unwirkliches und Märchenhaftes

Zugleich ist Trien' mit der Alltagswelt verhaftet: Sie legt Ställe an (S. 24), sie lehrt Elke „das Vogelstricken" (ebd.), sie verkauft Schnaps und Kuchen (S. 31 f.).

3.5 Sachliche und sprachliche Erläuterungen

Deich und Deichwesen

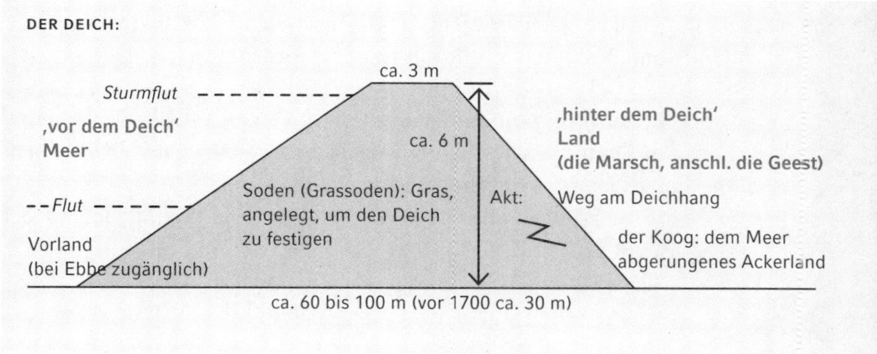

Das Siel (mit Schleuse): Graben durch den Deich zur Entwässerung des Koogs, wird bei Flut geschlossen.

Die Lahnungen: Art Zäune im Vorland, um die Macht des Wassers zu brechen.

Der Priel: Wasserlauf im Vorland. Priele können ebenso wie Mäuse- und Rattenlöcher den Deich unterhöhlen.

Die Landbesitzer, die Anteile am Koog haben, sorgen anteilig für den Unterhalt des Deiches und neue Eindeichungen, sowohl finanziell als auch mit eigener Arbeitskraft. Sie wählen aus ihrer Mitte die **Deichgevollmächtigten**. Diese bestimmen einen von ihnen als ihren Leiter, den **Deichgrafen**.

Der Unterhalt des Deiches ist mühsam wegen der Abspülungen und der Unterhöhlungen. Ein moderner Deich mit flachem Profil ist haltbarer als die früheren Deiche, ist aber viel aufwendiger bei der Anlage.

Der Staat überwacht das Deichwesen, Deiche sind Staatseigentum. Vertreter des Staates ist der **Oberdeichgraf**.

Erläuterung einzelner Stellen

Storm hat selbst Worterklärungen beigegeben (*Für binnenländische Leser*), in unserer *Schimmelreiter*-Ausgabe auf S. 112.

Hier finden sich weitere Worterklärungen; eine Angabe wie 6/1 heißt Seite 6, Zeile 1.

6/1	**Harde**	Verwaltungsbezirk aus mehreren Dörfern
6/24	**fiel mir bei**	fiel mir ein
6/39 f.	**Das Wasser war auffallend unbewegt; [...] es nicht getrübt haben**	Es fiel auf – auch wenn man den schützenden Deich in Betracht zieht –, wie unbewegt hier das Wasser war; der Reiter hatte es also nicht berührt.
7/3	**Binnendeich**	zusätzlicher Deich als weiterer Schutz
7/33 f.	**umgelegt**	angepasst
8/33	**behangen geblieben**	hängen geblieben
8/42	**die Spreu vom Weizen sondern**	das Unwichtige vom Wichtigen trennen; nach Matth. 3, 12
9/11	**Bussole**	Kompass
9/18	**ritzen** **prickeln**	Punkte und Linien zeichnen stechen, mit dem Zirkel zeichnen
9/19	**Fibel**	erstes Lesebuch (um lesen zu lernen)

9/28	**Euklid**	griechischer Mathematiker um 300 v. Chr.; sein Werk *Elemente* wurde Grundlage für den Geometrie-Unterricht
10/10	**Ernst oder Schimpf**	Ernst oder Spaß
11/21	**das Wunderkind aus Lübeck**	Christian Henrich Heineke, geb. 1721, gest. 1725, soll als 4-jähriger Wissenschaften beherrscht haben
11/27	**Schrot**	kurzes Stück (das man abschneidet)
11/40	**Haff**	Meer
11/41	**Allerheiligentag**	1. November; katholischer, damals auch evangelischer Feiertag
11/41 f.	**Äquinoktialstürme**	Äquinoktium: Zeit der Tag-und-Nacht-Gleiche, also astronomischer Frühlings- und Herbstanfang
12/13	**Kleierde**	oder nur Klei: die schwere Erde der Marsch
12/15	**Unschlittkerze**	Kerze aus Talgresten
12/33	**gnidderschwarz**	glänzend schwarz
13/28	**Pull**	Büschel
13/39	**blöd**	schwachsinnig, geistig behindert
14/26 f.	**eingesegnet**	konfirmiert; mit 16 Jahren wurde man damals konfirmiert
14/39	**Seewermut**	ein Kraut
15/1	**Strandläufer**	Vogelart
15/17	**Umschicht!**	Schichtwechsel! Wechseln wir uns ab!
15/23	**fürbass**	voran, weiter
15/41	**Porrenfangen**	Porre: Krabbe
16/4	**dräuend**	drohend
16/18	**inmittelst**	inzwischen
17/10	**Lebigs**	Lebendiges

17/35	**Racker**	Abdecker, Verwerter von Tierkörpern
17/39 f.	**Bettbühr**	Bettbezug
19/7	**Tabaksknoten**	Stück Kautabak
19/31	**osten der Haustür**	östlich von der Haustür
20/5	**dösig**	unkonzentriert, auch: dumm
20/16	**schlanterig**	schlotterig, noch unentwickelt
20/18	**Wirt**	hier: Hausherr, Hofbesitzer
20/28	**Pesel**	großer, für Feiern vorgesehener Raum im Bauernhaus
20/29	**Schlaguhr**	Uhr, die die Viertelstunden usw. schlägt
20/31	**schlagflüssig**	zum Schlaganfall neigend; dick, prall
21/13	**gebörmt**	börmen: tränken
23/11	**Uns' Weert**	unser Wirt, unser Hausherr
23/18	**Trense**	Zaum des Pferdes
23/36	**zugeschroben**	zugeschraubt
24/7	**Vogelstricken**	Es wird so gestrickt, dass Muster entstehen, die wie Vögel aussehen.
24/34	**Zwicker**	Ermahnung
24/38	**künstlich**	hier: kunstvoll
24/42	**gebuscht**	buschen: (Unkraut) mähen
25/22	**Zur Brüche!**	Da ist Geldstrafe fällig!
25/23	**Mensch**	das Mensch: die Frau (verächtlich)
26/16 f.	**nicht den gehörigen Klei**	gemeint ist: nicht ausreichend Landbesitz
26/19	**Demat**	Flächenmaß: ca. ein halber Hektar (5 000 m^2)
26/21	**Schauung**	Deichbesichtigung, -kontrolle
26/24	**ein Halbstieg**	Mengenangabe: zehn (ein Stieg: zwanzig)

26/31	**um die Wege**	in der Nähe
26/42	**Raufe**	Futteranlage
27/40	**Kretler**	Schiedsrichter
29/6	**herauskreteln**	aus einer Schwierigkeit heraushelfen durch Reden und Argumentieren
30/28	**Kapitalwurf**	besonders guter Wurf
30/40	**Bummeis**	Eis auf Wiesen
31/5 f.	**Hauke wo geflickt werden**	ihm Vorwürfe gemacht werden
31/10	**Galimathias**	verworrenes Reden mit Verwechslungen
34/36	**Altenteil**	Wohnung auf dem Hof für den alten Bauern im Ruhestand
37/33	**Wandbett**	Bett, an der Wand hochklappbar
38/18	**dass du einguckst**	eingucken bei jem.: ihn kurz besuchen, um zu plaudern
38/32	**sodass es anschien**	sodass es den Anschein hatte
39/21	**verspillen**	vergeuden
39/22	**[das ist] Selbstverstand**	[das ist] selbstverständlich
39/32	**Südwester**	breiter Hut der Schiffer
39/34	**Bruch**	sumpfartige Wiese
39/36	**Wehle**	Wasserloch nach Deichbruch, wird von Storm auf S. 6/36 ff. erklärt
42/22	**Traupfennig**	Geldbetrag für den Pfarrer bei einer Trauung
42/31	**Leiche**	hier: Leichenbegängnis, Beerdigung
42/41–43/1	**Volkert Tedsen […] Tede Volkerts**	Namensgebungen, bei denen der Vatersname mit -sen oder -s angehängt wird
43/40	**Beilegerofen**	schwerer Ofen, damals typisch für Friesland

44/21	**versehen**	übersehen, vergessen
46/24	**kapitelfest**	sich genau auskennend
47/40	**hinterspinnig**	tückisch
47/41	**sich 'nen weißen Fuß zu machen**	sich einzuschmeicheln
48/18 f.	**sich [...] eingefreit**	eingeheiratet und dadurch wohlhabend geworden
48/28	**Osterschleuse**	Schleuse im Osten
48/40	**Haffdeich**	‚Meerdeich': Hauptdeich, wenn Binnendeich vorhanden
50/25	**Anwachs**	Pflanzenwuchs, der den Deich festigt
52/1	**Hahnenkraht**	Hahnenschrei, Krähen
54/20	**Böte**	Plural von Boot; heute: Boote
57/8	**verreden**	zerreden, d. h. zu oft erörtern und damit der Sache schaden
59/4	**Kracke**	schwaches, heruntergekommenes Pferd
59/24	**Slowake**	reisender Händler (schlechten Rufes), nicht unbedingt aus der Slowakei
59/34	**Priesterhandel**	vorteilhafter Handel
59/37	**blau geapfelt**	mit blauen Flecken in Apfelgröße
62/19 f.	**Lawrenz sein Kind**	ein Kind, Sohn eines Laurentius Damm um 1600 in Hamburg, das 2,80 m groß war
63/43	**verdingen**	in Auftrag geben
65/24	**billigen Ansätzen**	fairen Bedingungen
68/24	**Wehmutter**	Hebamme
69/22	**Konventikel**	‚kleiner Konvent', sektiererisches Treffen, Sekte
71/10	**Kajedeich**	Behelfsdeich

71/33	**Interimsdeich**	Behelfsdeich für kurze Zeit
74/20	**Katechismus**	religiöses Lehrbuch (Hauke fragt ironisch)
75/26	**Avosette**	Säbelschnäbler (Vogelart aus der Familie der Regenpfeifer)
75/31	**Werk der Menschenhände**	vielleicht Anspielung auf Psalm 115: „Ihre Götzen [die Götzen der Heiden] aber sind Silber und Gold, von Menschenhänden gemacht."
75/33	**Kommissäre**	Kommissar: Beauftragter der Regierung oder einer anderen hohen Stelle
75/39	**Karriole**	zweirädriger Wagen
76/1	**Akt**	Weg hinauf zum Deich, wird von Storm S. 16/25 ff. erläutert
77/40	**Gardinenbett**	Bett, hochgeklappt hinter der Gardine
83/19	**Großohm**	Großonkel
87/8 f.	**verneuen**	erneuern
87/31	**hohl Ebbe**	tiefster Wasserstand
88/5	**Rute**	Längenmaß, etwa 3,80 m
89/17	**Kimmung**	Horizont, der sich infolge Luftspiegelung verschiebt
89/23 f.	**das hippokratische Gesicht**	Gesicht eines Sterbenden (Hippokrates: berühmter griechischer Arzt)
89/35	**bawen Water**	über dem Wasser
90/10	**Lätare**	dritter Sonntag vor Ostern
91/13	**vor Allerheiligen, im Oktober**	im Jahre 1756 (laut S. 89/9), also der 31. Oktober 1756
91/29	**Nordwesten**	richtig: Nordosten (Irrtum Storms)
92/24	**auf halber Springflut**	die Springflut (die besonders starke Flut) ist so weit vorangeschritten, dass sie halb so hoch ist wie zu erwarten

96/25	**Nordwestecke**	richtig: Nordostecke (Irrtum Storms)
99/31 f.	**uns […] überwachsen**	uns […] überlegen
100/18	**Verwüstung**	früher auch in der schwächeren Bedeutung: schwer zugängliches Gelände

3.6 Stil und Sprache

ZUSAMMENFASSUNG

Wir zeigen, dass
- → Storm mit Leitmotiven arbeitet: Leitmotive sind ‚Deich', ‚Mathematik', ‚Augen',
- → die Motivwiederholungen und Vorausdeutungen für den Zusammenhang, die ‚epische Integration', sorgen,
- → Storms Prosa lyrische Züge hat,
- → die Perspektivenwechsel eine Dramatik schaffen.

Der Schimmelreiter ist ereignisreich wie ein Roman und doch das Musterbeispiel einer Novelle.
Unheimliche Elemente treten hinzu.

Der Deich und andere Leitmotive

Ein Leitmotiv ist eine Sache, eine Vorstellung oder eine Handlung, die im Romangeschehen immer wieder auftritt und dabei unter verschiedenen Aspekten erscheint.

Leitmotiv Deich

Im *Schimmelreiter* ist ein Leitmotiv der Deich. Als Kind beobachtet Hauke Deich und Wellen (S. 10). Er denkt über Deiche und ihr Profil nach, knetet „Deichmodelle" und zeichnet „das Profil der Deiche" (S. 12). Später plant er einen neuen Deich (S. 49), und dessen Fertigstellung ist sein Lebenswerk. Deich-Probleme, und zwar der „Bruch im alten Deich" (S. 96), veranlassen Haukes Selbstmord, sein neuer Deich begründet seinen Ruhm.

Der Deich erscheint auch in der Rahmenhandlung: zu Beginn des 2. Absatzes („auf einem nordfriesischen Deich", S. 5) und im letzten Satz des Werkes („Hauke-Haien-Deich").

Begleitmotiv Deichgraf

Das Leitmotiv Deich wird verstärkt durch das begleitende Motiv Deichgraf. Schon als Kind plant Hauke die Deichgraf-Karriere (S. 11). Er wird Knecht beim alten Deichgrafen. Er sagt sich, „er sei der rechte Mann, wenn's einen neuen Deichgrafen geben müsse" (S. 40), und er wird Deichgraf. Die letzten Sätze, die er in seinem Leben zu hören bekommt, beginnen so: „Euere Schuld, Deichgraf!" (S. 96) Deichgraf zu sein, ist zuerst nur ein Gedanke, dann wird dies Realität, und dann eine Realität, die Hauke in den Tod begleitet.

Leitmotiv Mathematik

Ein anderes Leitmotiv ist die Mathematik. Das Kind Hauke sieht interessiert zu, wie sein Vater „maß und berechnete" (S. 9). Er arbeitet ein Geometrie-Buch durch (S. 9 f.). Er hilft dem alten, mathematisch schwachen Deichgrafen bei seinen Berechnungen (S. 23). Er siegt im Eisboseln, weil er mathematisch denkt („Mathematik und Wurfkunst" hat er trainiert, S. 31). Intensiv setzt er als Deichgraf und Deich-Planer sein mathematisches Wissen ein („vertieft in Rechenaufgaben, Zeichnungen und Rissen", S. 51). Den Landgewinn durch den geplanten Deich erfasst er in Zahlen („zirka tausend Demat", „er begann zusammenzuzählen", S. 49).

Das Rechnen erscheint auch im übertragenen Sinne. Ole Peters sagt über Hauke: „Der versteht zu rechnen" (S. 65). Er meint damit, dass Hauke auf Besitz aus sei. Sodann: Hauke „hatte sich sein eigen Christentum zurechtgerechnet" (S. 68). Das heißt, Hauke hat sich seine eigene Theorie über Gott gebildet.

Die Mathematik ist die Tätigkeit, die Hauke mit seinen liebsten Mitmenschen verbindet, denn sein Vater rechnet gut und ebenso Elke (Hauke und Elke „waren beide geborene Rechner"[9], S. 23).

---

9 Für Hauke bedeutet Rechnen, mathematisch-kreativ vorzugehen, Elke beherrscht allein das Rechnen des Alltags. Hierzu Baltensweiler, S. 96.

Haukes Gegner Ole Peters ist gerade zum Rechnen nicht zu gebrauchen (ebd.).

Ein Leitmotiv sind auch die Augen. Haukes Augen sind aktiv, er beobachtet gern und genau (bei „langem Hinstarren", S. 10). Sie drücken aus, dass er große Ideen fasst: „Deine Augen sehen so ins Weite", sagt Elke (S. 48). Vor allem haben seine Augen den ordnend-planenden Blick auf das einzudeichende Land: Er hat „seine Augen unablässig [...] auf das breite Vorland gerichtet" (S. 48), wobei „eindringliche Geistesarbeit hinter diesen Augen" vorgeht (S. 49). Am Ende spricht aus den Augen Haukes Verzweiflung: er erblickt die Flut mit „starren Augen" (S. 98). Auch Elkes Augen kommen zur Sprache. Sie zeigen ihre Klugheit (S. 25) und ihre Strenge (sie „sah scharf aus zornigen Augen" auf Ole, S. 31), und „ihre Augen" sind es, wodurch sie ihre Liebe bekennt (S. 35).

Leitmotiv Augen

Im *Schimmelreiter* heißt ‚sehen können' so viel wie frei sein. Elke blickt mit Freude „über den Deich hinaus nach dem Meer" (S. 19 f.). Die gebrechliche Trien' Jans kann zu ihrem Kummer „nicht über den Deich auf die See hinausblicken" (S. 78). Die Augen der schwachsinnigen Wienke „schauten ein wenig stumpf ins Weite" (S. 72). Und die Augen des Schimmels? Sie sind zuerst matt und eingefallen (S. 57), werden aber durch Haukes Pflege „feurige braune Augen" (S. 60).

Diese drei Leitmotive hängen zusammen:

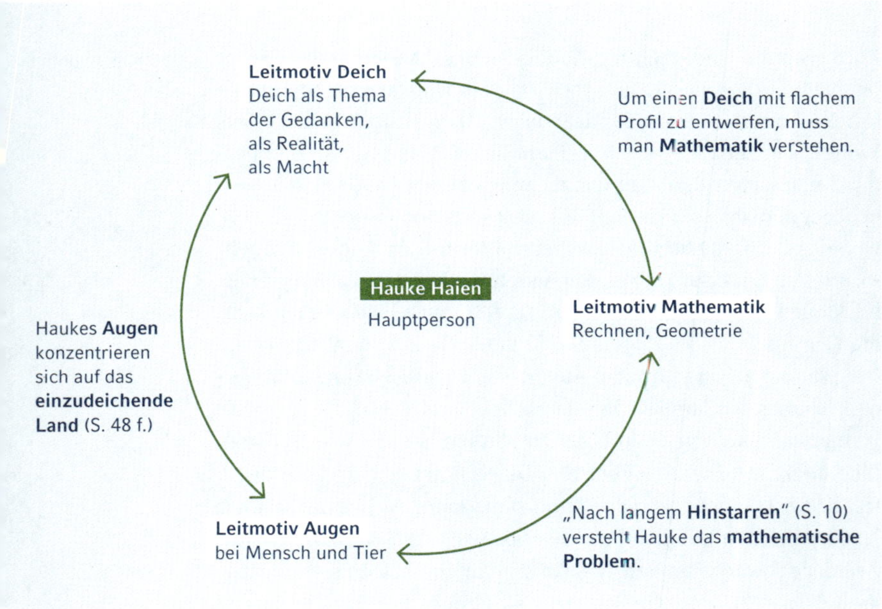

Wiederholungen und Vorausdeutungen

Der Schimmelreiter ist, wie jedes literarische Werk, ein vernetztes Gebilde, ein beziehungsreiches Ganzes. Dieser Sachverhalt heißt ‚epischer Zusammenhang' oder ‚epische Integration'. Für den epischen Zusammenhang sorgen die Leitmotive, aber auch die Motivwiederholungen und die Vorausdeutungen.

Hier Beispiele von Motivwiederholungen:

ZUNÄCHST:	SPÄTER:	ERLÄUTERUNG
Hauke siegt im Eisboseln und wird von der Menge **gelobt**: „Hauke Haien hat das Spiel gewonnen!" (S. 33)	Als Haukes Deich fertig ist, wird Hauke von der vorgesetzten Behörde **gelobt**: „Aus dem Munde der herrschaftlichen Kommissäre strömte das Lob des Deichgrafen […]." (S. 76)	*Das **Motiv ‚Lob'**: Es erscheint zuerst bei einem Spiel, dann bezüglich Haukes Lebenswerk. Die Lobenden sind zum Schluss die Vorgesetzten. Das Motiv **geht vom Spielerischen ins Politische über.***
Der **Tod** Tede Haiens: Nur ein Satz berichtet ihn und den Umstand, dass Hauke das Erbe antritt. („Er hatte nichts mehr zu besorgen […]", S. 38)	Der **Tod** Tede Volkerts', des alten Deichgrafen: Mehr als vier Seiten berichten Tod, Beerdigung und Nachfolger-Diskussionen (S. 42–47).	*Das **Motiv des Sterbens wird erweitert** im Einklang mit der gesellschaftlichen Rolle des Sterbenden.*
Hauke beobachtet im Watt „Dampf und Nebel" und darin Gestalten, die wie **Seegespenster** aussehen. (S. 13)	Hauke beobachtet dasselbe, nun aber in Begleitung seiner Tochter, der er die Erscheinungen erklärt. **Seeteufel**? „So etwas gibt es nicht" (S. 84).	*Das **Gespenster-Motiv wird vertieft**. Zuerst werden die gespensterähnlichen Gestalten nur beobachtet, dann auch erklärt.*
Der **Angorakater**: Hauke versteht sich mit ihm („nickte ihm zu", S. 14), doch dann tötet er ihn (er „würgte" ihn zu Tode, S. 15).	Der **Schimmel**: Hauke macht ihn zu seinem Lieblingstier (S. 60), doch dann tötet er ihn, als er Selbstmord begeht („Noch ein Sporenstich; ein Schrei des Schimmels", S. 98)	*Das **Motiv ‚aggressiver Umgang mit dem Tier' wird verschärft**. – Auch die Möwe Claus wird von Hauke getötet (S. 94). Die Tiere sind weiß. Schon auf S. 13 ist von „weißem Tod" die Rede.*

ZUNÄCHST:	SPÄTER:	ERLÄUTERUNG
Die **Esche** vor dem deichgräflichen Anwesen ist der höchste Baum des Dorfes (S. 19). Ihr Rauschen begleitet Haukes und Elkes Pläne und ihre ersten Ehejahre (S. 37, 47).	Die alte Trien' Jans mag **nicht zur Esche** gehen (S. 78). Das Kind Wienke sitzt desinteressiert auf der Esche (S. 72). Bei der Sturmflut: „Die alte Esche knarrte, als ob sie auseinanderstürzen solle." (S. 92 f.)	*Das **Motiv ,Esche' ändert seine Symbolik**: Die Esche steht zuerst für die Macht der Familientradition, dann für das Ende dieser Macht. (In der nordischen Mythologie wächst eine Esche, Yggdrasil genannt, im Mittelpunkt der Welt.)*

Vorausdeutungen

Motivwiederholungen verbinden sich mit Vorausdeutungen. So wird auf S. 13, als Hauke die „Seegespenster" betrachtet, schon mitgeteilt, dass er „viele Jahre später" mit seiner Tochter wieder die Gestalten betrachten wird.

Es gibt weitere Vorausdeutungen. Wir hören, wie Hauke zu seiner Familie hält: „Gegen sein Weib blieb er allezeit der Gleiche, und an der Wiege seines Kindes lag er abends und morgens auf den Knien [...]." (S. 71) Hier zeichnet sich der gemeinsame Tod der Familie am Ende ab: „,Mein Kind! O Elke, o getreue Elke!', schrie Hauke in den Sturm hinaus." (S. 98)

Zu Beginn (S. 11) ist von „Ende Oktobers" und vom „Allerheiligentag" (1. November) und den Stürmen die Rede, und es heißt, für Hauke seien da die Spaziergänge „die beste Unterhaltung". Dies ist eine ironische Vorausdeutung. Denn „vor Allerheiligen, im Oktober" (S. 91) findet die Sturmkatastrophe statt.

Storms dichterische Sprache

Theodor Storm ist ein großer Lyriker. Eingefügt in seine Prosa gibt es oft eine rhythmische – eine ‚gebundene' – Sprache. Die Schlussworte der Absätze haben manchmal lyrische Anklänge, lesen sich wie die Verse eines Gedichtes, natürlich ohne dass sie sich reimen. Wir nennen Beispiele:

- Elke über ihren Vater:
  „Mir íst es óft, als ób auch ér auf séine Tótenkámmer rǘste." (S. 37, Z. 10 f.)
  Hier herrscht ein alternierendes Metrum, also Hebungen und Senkungen wechseln einander ab. Genauer: ein jambisches Metrum, d. h. mit einer Senkung beginnend.
- Beim Deichbau:
  „Und álle Hǟnde fássten féster ín die Árbeit:
  ‚Frisch zú! Der Schímmelréiter kómmt!'" (S. 67, Z. 4–6)
  Wiederum ein jambisches Metrum, wobei der erste Vers mit einer Senkung endet (‚weiblicher Reim'), der zweite Vers mit einer Hebung endet (‚männlicher Reim').

An manchen Stellen hat Storm echte Gedichte, im Druck sichtbar, in den Text eingefügt (S. 42, 44).

Sprachliche Sonderformen

Storms Gefühl für Rhythmus bemerkt man, wenn er sprachliche Sonderformen benutzt:

- Hauke sagt nach dem Fest: „Ich mein', Elke, es kann ja doch der Tag nicht schöner für mich ausgehn, als er's schon getan hat." (S. 35, Z. 9 f.)
  Durch die Kurzformen „mein'" (statt: meine), „ausgehn" (statt: ausgehen), „er's" (statt: er es) wird die Sprache rhythmisch und musikalisch. Mit den Langformen – man lese es sich so vor! – wäre sie holperig.

- „Weshalb denn sollte man den Priel nicht stopfen können?", fragt Hauke (S. 51, Z. 1 f.). Hier steht „weshalb denn", obwohl ‚weshalb' genügen würde. Des Rhythmus wegen!
- Storm sagt „Hirn" statt des geläufigen ‚Gehirn' (S. 98, Z. 18); wieder aus rhythmischen Gründen.

Einmal sagt Storm „worden" statt des üblichen ‚geworden' (S. 35, Z. 28). Man könnte den ganzen Absatz (Z. 23 ff.) in Gedichtform drucken, als Liebesgedicht sozusagen:

„Elke tanzte an diesem Abend nicht mehr,
und als beide dann nach Hause gingen,
hatten sie sich Hand in Hand gefasst;
aus der Himmelshöhe funkelten die Sterne
[usw. …],
als sei es plötzlich Frühling worden [!]." (S. 35, Z. 23 ff.)

Klangliche Feinheiten

Auch klangliche Feinheiten gibt es in diesem ‚Liebesgedicht'. Zuerst benutzt Storm den feierlichen Vokal ‚a' (t**a**nzte / **a**n diesem **A**bend / H**a**nd in H**a**nd), später die helleren, ja fröhlichen Vokale ‚i', ‚ö' und ‚e' (H**i**mmelsh**ö**he / die St**e**rne). Wir spüren, wie Hauke und Elke in einer ernsten und dann sehr frohen Stimmung sind. Auch die Wortwahl ist dichterisch: „Himmelshöhe", „funkelten".

Dennoch ist Storms Sprache einfach, Übertreibungen und Schnörkel gibt es nicht.[10]

Der Absatz, der folgt (S. 35, Z. 29 ff.), enthält Alltagswortschatz und keine gebundene Sprache. Storm liebt diese Abwechslung, dieses Variieren zwischen ‚geschmückter Rede' und schlichter Rede.

---

10 Storm hat gesagt: „Der geistige Inhalt, und nur dieser muss in den Worten klingen […]." (An Erich Schmidt, 17. 10. 1885; *Storm – Schmidt*. II, S. 116.)

Sprachliches Meisterstück

Ein sprachliches Meisterstück finden wir im Finale, im 3. Absatz von S. 98. Der Absatz beginnt und endet mit Haukes Worten „Mein Kind! O Elke, o getreue Elke!“ / „Herr Gott, nimm mich; verschon die andern!“ (Man achte auf den deutlichen Rhythmus.) Dazwischen werden mit einem besonderen Wortschatz und in gebundener Rede die Ereignisse geschildert. Höhepunkte sind die Wendungen: „vor ihm in die Tiefe“ / „aus dem wüsten Gräuel“ / „das Licht von seinem Hause“ – „es war ihm wie entseelt“.

Wahl der Namen

Auch die Namen hat Storm gut gewählt. Die Namen ‚Hauke' und ‚Elke', beide zweisilbig und mit ‚-ke' am Ende, klingen ähnlich und deuten an, dass Hauke und Elke einander ebenbürtig sind.[11] ‚Hauke' ist die friesische Form von ‚Hugo'; althochdeutsch ‚hugu' heißt Geist, Sinn. ‚Elke' ist eine niederdeutsch-friesische Koseform von Adelheid; dieser Name bedeutet: von edler Art.

Anaphern

Nun zur **Rhetorik**. Es finden sich oft Anaphern. (Eine Anapher liegt vor, wenn am Anfang aufeinander folgender Sätze dasselbe Wort steht.) Etwa: „**Ich** guck nicht ein; **ich** will bei dir ein wenig Ordnung schaffen [...]!“ (S. 38) „**Hatte** sie ihn erkannt? **Hatte** die Sehnsucht [...]?“ (S. 98).

Alliterationen

Storm benutzt auch Alliterationen. Der Vater sah, dass „die **D**eicharbeit bei dem Jungen die **D**enkarbeit nicht hatte vertreiben können“ (S. 11). „Der **H**auke-**H**aien-Deich, er soll schon **h**alten; er wird es noch nach **h**undert Jahren tun!“ (S. 97) Mehrfach gibt es Alliterationen auf w-: Hauke erlebt die „**w**eite, **w**ilde **W**asserwüste“ (S. 10). „In seinen Gedanken **w**uchs fast der neue Deich zu einem achten **W**elt**w**under“ (S. 76).

11 Hierzu Demandt, S. 212

Perspektivenwechsel, Dramatik

Drei Perspektiven

Der Erzähler kann grundsätzlich drei Perspektiven einnehmen. Er kann allwissend, sozusagen gottgleich über dem Geschehen stehen; dies ist der **auktoriale Erzähler**. Er kann sich wie ein zufällig Anwesender verhalten, der uns bezeugt, was er gerade hört und sieht; dies ist der **neutrale Erzähler**. Und er kann sich in eine Romanfigur so hineindenken, dass er ganz aus dem Geist dieser Person heraus spricht; dies ist der **personale Erzähler**.

Häufiger Perspektivenwechsel

Theodor Storm wechselt oft die Perspektive; dies macht das Erzählen spannend.

Neutraler Erzähler

Beachten wir Trien' Jans' Gang zu Tede Haien (S. 16)! „Inmittelst wanderte auch Trien' Jans" (Z. 18): Hier spricht ein neutraler Erzähler, der am Schauplatz anwesend ist und das Geschehen wahrnimmt. Er sieht Trien' wandern. So sagt er: „Ihr greises Haar flatterte [...]." Doch die Perspektive ändert sich mit dem Satz: „Als sie dem unten liegenden Hause des alten Haien nahekam, ging sie den Akt, wie man bei uns die Trift- und Fußwege nennt, [...] zu den Häusern hinunter." (Z. 24 ff.) Den Einschub ‚wie man bei uns [...] nennt' spricht ein auktorialer Erzähler. Danach redet wieder der neutrale Erzähler, der Beobachter nämlich, und zwar bis zu dieser Stelle: „[...] sagte der Alte. Was gingen ihn die Augen des dummen Weibes an." (Z. 34 f.) Der Ausdruck ‚dummes Weib' und überhaupt der ganze Satz stammt von einem personalen Erzähler, der sich in die Rolle Tedes versetzt und Tedes Gedanken ausspricht.

Auktorialer Erzähler

Neutraler Erzähler

Personaler Erzähler

Erlebte Rede

Der Satz „Was gingen ihn die Augen des dummen Weibes an" ist eine erlebte Rede. Die erlebte Rede ist eine Nebenform der indirekten Rede; sie drückt aus, was eine Person denkt oder sich sagt, aber ohne ‚inquit'-Formel (d. h. ‚sagte er/sie' oder ‚dachte er/sie') und ohne dass der Konjunktiv den Indikativ ersetzt.

Ein weiterer perspektivisch interessanter Moment ist Haukes Ritt auf dem neuen Deich (S. 76, ab Zeile 10). „– Auch das ging vorüber" usw.: Hier spricht ein auktorialer Erzähler, der die ganze Lage erfasst und sie zeitlich einordnet. Bald erscheinen ein neutraler Erzähler („Da, als er aufblickte, sah er" usw.) und ein personaler Erzähler („Hauke aber war es, als höre er seinen Ruhm verkünden", Z. 27 f.). Sogar ein erlebtes Reden erscheint: „Das klang, als könnt es alle Zeit nicht anders heißen!" (Z. 31)

Dramatische Szenen

Es gibt auch Partien, in denen immer nur der neutrale Erzähler auftritt. Dies sind dramatische Szenen, also räumlich eng geschlossene Einheiten, in denen die Personen handeln und sprechen, ohne dass ein Erzähler kommentiert. Eine solche dramatische Szene ist Haukes Auftreten vor den Männern, die den Hund eingraben wollen (S. 73, Z. 18, bis S. 74, Z. 28). Der Leser glaubt, eine Bühne vor sich zu haben, eine Bühne, auf der Hauke schreit („Halt! sag ich", S. 73, Z. 34) und einer ruhig antwortet: „Der es tat, hat recht getan" (S. 74, Z. 18).

Ebenfalls dramatisch sind die Gespräche bei der Beerdigung (S. 44, Z. 23, bis S. 46, Z. 3). Auch hier zeigen sich uns die Menschen wie auf einer Bühne.

Botenbericht

Hauke erzählt seiner Frau vom Kauf des Schimmels (S. 58 f.). Wir erfahren dieses wichtige Ereignis durch den Mund einer Figur. Dieses Vorgehen ist typisch für das Drama und seine Bühne, wo man ja nicht alles vorführen kann. Man nennt dieses Verfahren Botenbericht.

Die Kunst der Novelle

Im Allgemeinen wird ein Werk dieser Ereignisfülle wie *Der Schimmelreiter* als Roman bezeichnet. Storm selbst aber hat den *Schimmelreiter* Novelle genannt.

Kennzeichen der Novelle

Was heißt Novelle? Die Novelle ähnelt dem Roman, ist aber einfacher und enger in ihrem Handlungsverlauf. ‚Novelle' heißt eigentlich ‚das Neue' (ital.: novella). Hierzu Genaueres!

→ Goethe hat gesagt (zu Eckermann am 29. 1. 1827): Eine Novelle ist „eine sich ereignete unerhörte Begebenheit".
→ Der Schriftsteller Paul Heyse hat 1871 gefordert, eine Novelle müsse ein Dingsymbol haben, um das sich die ganze Handlung bewegt. Diese Forderung heißt die ‚Heyse'sche Falkentheorie', weil Heyse als Beispiel für das Dingsymbol den Falken nennt, der in einer Novelle innerhalb von Giovanni Boccaccios *Decamerone* (14. Jahrhundert) eine Rolle spielt.
→ Theodor Storm hat geschrieben: „Die ‚Novelle' ist die strengste und geschlossenste Form der Prosa-Dichtung, die Schwester des Dramas […]."[12]

Binnenhandlung entspricht den Merkmalen der Novelle

All dies passt für den *Schimmelreiter*, und zwar für seine Binnenhandlung. Haukes Leben, Schaffen und Sterben ist eine ‚unerhörte Begebenheit' (Goethe). Der neue Deich ist ein wichtiges Dingsymbol (Heyses Falkentheorie); allerdings erscheint der neue Deich erst in der zweiten Hälfte des Werkes.[13] Vor allem erfüllt die Binnenhandlung des *Schimmelreiters* Storms eigene Forderung: Sie hat eine strenge und geschlossene Form. Von der ersten Episode bis zur letzten aus Haukes Leben, von dem Moment, wo der junge Hauke dem Vater beim Rechnen zusieht, bis zu seinem Sturz in die Flut am Ende – alle diese Episoden schließen sich exakt zusammen, keine ist überflüssig.

---

12 Storm an Keller, 14. 8. 1881 (*Storm – Keller*, S. 73). Das Zitat auch bei Karthaus, S. 30; dort auch (S. 14, 27 f.) die Zitate von Goethe und Heyse. Der Gedanke von der Novelle als der Schwester des Dramas stammt von der dänischen Schriftstellerin Thomasine Gyllembourg (Hinweis bei Bernd, Clifford Albrecht: *Theodor Storm. The Dano-German Poet and Writer.* Oxford: Peter Lang, 2003, S. 150 f.).

13 Storm fand Heyses Falkentheorie zu einseitig. An Keller, 13. 9. 1883: „[den] Falken lass ich unbekümmert fliegen" (*Storm – Keller*, S. 108).

Abergläubische und unheimliche Elemente

Schilderungen des Aberglaubens, des Unheimlichen, ja des Fantastischen durchziehen den Roman. Zum Beispiel:

Beispiele im *Schimmelreiter*

- Trien' Jans erzählt die Sage von der Wasserfrau, die durch den Deich von ihren Lieben abgeschnitten wird und weint (S. 82 f.). Trien' hält die Sage für Wahrheit.
- Die Arbeiter beim Deichbau wollen etwas Lebendiges in den Deich eingraben; erst so werde er gut halten. Sie wählen dafür einen Hund (S. 73 f.). In früheren Zeiten wurde sogar ein Mensch („ein Zigeunerkind", S. 51) eingegraben.
- Der Dienstjunge Carsten und der Knecht Iven Johns meinen, auf Jevershallig einen Schimmel weiden zu sehen (S. 54), der dann doch nicht da ist („Nichts war es!", S. 56). Carsten hält den weidenden Schimmel für ein auferstandenes Pferdegerippe und dann für den Schimmel, den Hauke Haien erworben hat („Es steht in unserem Stall", S. 61).

Diese Motive des Aberglaubens, des Unheimlichen, des Fantastischen haben eine poetische Funktion. Sie bilden einen aufregenden Kontrast zu den exakten und rationalen Deichplanungen.

Motive haben poetische Funktion

Doch das Poetische ist nicht alles. Der Roman sagt: **Der Aberglaube ist zu bekämpfen.** Hauke, der Rationalist, attackiert den Aberglauben. Er verbietet das Eingraben des Hundes und das Erzählen der Sage. Carsten, der an seinem Aberglauben festhält, verdingt sich bei Ole Peters, Haukes Gegner (S. 61). Aber Hauke ist auch vom Unheimlichen fasziniert, wie sein Umgang mit dem Schimmel zeigt. Der Roman sagt damit: **Man muss den Aberglauben ernst nehmen.**

Aberglaube meint mehr, als er wörtlich ausdrückt. Was steckt in der Sage von der weinenden Wasserfrau, und was hinter dem grausamen Wunsch, einen Hund oder gar ein Kind einzugraben?

→ Die Sage von der gefangenen **Wasserfrau** ist ein Mythos, der diesen Grundsatz enthält: Wasser und Meer bilden eine verwundbare Welt, in die der Mensch mit seinen Deichen nicht eingreifen soll. Die Natur wird durch den Deichbau verletzt. Trien' Jans beklagt also diese Verletzung.
→ Die Leute drücken mit dem **Eingraben** aus, dass ihnen der Deichbau unnatürlich und lebensfeindlich erscheint, was sie mit etwas Lebendigem im Deich ausgleichen wollen. Man kann nun den Spieß herumdrehen und fragen: Ist das Überzeugtsein vom neuen Deich, also das Überzeugtsein vom technischen Fortschritt, nicht auch ein Aberglaube?[14]

Die Dorfbewohner haben also Ängste und drücken diese Ängste aus in der Form des Aberglaubens – man kann auch sagen: in der Sprache des Mythos.

---

14 Diese Frage stellt Irmgard Roebling in ihrer *Schimmelreiter*-Deutung (Roebling, S. 206 f.).

3.7 Interpretationsansätze

Wie kann die Deutung ansetzen? Hier eine Übersicht.

Der Schimmelreiter

Held Hauke Haien, der Deichgraf und kluge Deich-Konstrukteur.
Er hat Erfolg: sein neuer dauerhafter Deich.
Er scheitert: seine Vernachlässigung des alten Deichs, Flut, Selbstmord.

Was wird erzählt?

Erfolg und Scheitern als Lebensschicksal

Der Schimmelreiter –
ein Entwicklungsroman (S. 69 ff.)

Erfolg und Scheitern in Konflikten mit den Mitmenschen

Der Schimmelreiter –
ein **sozialer Roman**.

Warum scheitert Hauke? (S. 73 ff.)

Wie wird erzählt?

Viel Alltagsgeschehen mit Lokalkolorit

Der Schimmelreiter –
ein realistischer Roman (S. 76 ff.)

Das Erzählen als Thema

Der Schimmelreiter –
ein moderner Roman (S. 78 ff.)

Wir stellen all dies in den folgenden Abschnitten dar.

Der Schimmelreiter – ein Entwicklungsroman

Definition „Entwicklungsroman"

Unter einem Entwicklungsroman versteht man einen Roman, der den Lebenslauf der Hauptperson, ihre innere Entwicklung und die äußeren Einflüsse darstellt.

Haukes Entwicklung

Im *Schimmelreiter* wird das Leben der Hauptperson berichtet und ihre Entwicklung betont. Es wird gesagt, welche Begabungen und welche Interessen Hauke hat – Mathematik vor allem –, welche Zukunftspläne er hegt – Deichgraf-Karriere, Deichbau – und welche inneren Antriebe wirksam sind: vor allem sein Ehrgeiz.

Äußere Einflüsse auf Hauke

Es werden die äußeren Einflüsse genannt. Haukes Vater unterstützt ihn; denn er erkennt allmählich, dass die Kärrnerarbeit „bei dem Jungen die Denkarbeit nicht hatte vertreiben können" (S. 11). Dann unterstützen ihn der alte Deichgraf und vor allem Elke, die ihn durch Besitzüberschreibungen (S. 46) wohlhabend macht. Die Ehe fördert Haukes Entwicklung, denn die ersten Ehejahre sind „ein Leben fortgesetzter Arbeit, doch gleichwohl ein zufriedenes" (S. 47). Einflussreich ist dann die Kritik, die Hauke von den Dorfbewohnern, vor allem von Ole Peters, erfährt. Zu den äußeren Einflüssen gehören auch die Ereignisse des Alltags; nämlich die Beschädigungen des alten Deichs (S. 85–88) und die Sturmflut am Ende.

Hauke entwickelt sich. Achten wir auf drei Bereiche!

Haukes Ehrgeiz

→ Auffällig ist vor allem, wie sich sein **Ehrgeiz** entfaltet. Ausgangspunkt ist sein Wunsch, Deichgraf zu werden (S. 11), später beherrschen ihn „die Ehrsucht und der Hass" (S. 41) sowie Berauschungen bei der Deichplanung („Wie ein Rausch stieg es ihm ins Gehirn", S. 50). Sein Selbstmord am Ende kommt auch von verletztem Ehrgeiz.

Haukes Liebe zu Elke

→ Haukes Liebe zu Elke entwickelt sich ebenfalls. Er beweist die Liebe durch sein Werben (Besorgen des Ringes; S. 35) und später durch sein Hoffen auf ihre Genesung („Herr, mein Gott, [...] nimm sie mir nicht!", S. 69). Diese Liebe erweitert er zu einer Liebe, die in höchst humaner Weise die schwachsinnige Tochter einbezieht (S. 81 f.).

→ Haukes Verhalten gegenüber Tieren, dem Kater, der Möwe und dem Schimmel, hat auch eine Entwicklung. (Siehe in unseren Erläuterungen S. 59.) Der getötete Kater am Anfang ist der Ausgangspunkt einer besonderen Neigung Haukes: Es ist „sein lebenslanges Gebanntsein an die Grenzlinie zwischen Leben und Tod“[15].

Haukes Verhalten gegenüber Tieren

Dieser Entwicklungsroman hat zwei Besonderheiten:

→ **Erstens: *Der Schimmelreiter* hat einen engen Schauplatz – scheinbar.**
Normalerweise wird in Entwicklungsromanen viel gereist, der Held sieht die Welt. Im *Schimmelreiter* ist der Schauplatz nur ein Dorf. Storm hat einmal gesagt: „Ich bedarf äußerlich der Enge, um innerlich ins Weite zu gehen.“[16] Dennoch ist die weite Welt ein Thema im *Schimmelreiter*. Drei Mal wird Holland erwähnt. Einmal, als Hauke das Geometrie-Buch durcharbeitet; es stammt aus Holland (S. 9). Später erscheint eine „holländische Schlaguhr“ (S. 20). Vor allem ist Holland der Ursprung einer Sekte (sie wird von einem „holländischen Flickschneider“ geleitet; S. 69), die Haukes Gottesverständnis attackiert. Der Held Hauke wird also von der fremden Welt erfasst, und zwar auf segensreiche Weise, durch das Geometrie-Buch, und in schädigender Weise, durch die Sekte. Der Autor des Geometrie-Buches ist der Grieche Euklid, ein antiker Wissenschaftler. Hauke steht damit in der europäischen Wissenschaftstradition. – Außerdem hat Trien' Jans Beziehungen zur weiten Welt, wie wir auf S. 46 erörtert haben.

Weite Welt als Thema im *Schimmelreiter*

Hauke steht in der europäischen Wissenschaftstradition

15 Hoffmann, S. 361.
16 An Hermione von Preuschen, 21. 9. 1881 (Ranft, S. 88).

→ **Zweitens: Die Entwicklung des Helden zeigt oft Hoffnungslosigkeit.**
Entwicklungsromane enden üblicherweise nicht mit einem Selbstmord. Neben diesem Selbstmord wirkt jedoch anderes hoffnungs- und illusionslos. So die Familienverhältnisse. Zuerst lebt Hauke bei seinem Vater, ohne Mutter, dann beim Deichgrafen, wieder in einem Haus ohne Mutter. Er führt mit Elke eine Ehe, die lange Zeit kinderlos ist und in der die schwachsinnige Wienke geboren wird. Alle im Werk auftretenden Familien sind also defekt oder problematisch. Am Ende geht Haukes ganze Familie unter. Neben dieses defekte Familienbild stellen sich vorübergehend glückliche Ersatzfamilien: Trien' Jans und ihr Kater, später Trien' Jans, das Kind Wienke, der Hund Perle und die Möwe Claus – „dies wunderliche Vierblatt" (S. 79).

Alle dargestellten Familien sind defekt oder problematisch

Der Roman sagt aus, dass die Menschen, die Tiere und die Pflanzen miteinander verbunden sind („Dunst und Duft", S. 83). Beim Anblick großer Vögel erklärt Hauke seiner Tochter: „Das alles ist lebig [d. h. lebendig], so wie wir; es gibt nichts anderes […]." (S. 84). Storm kündigt damit nicht Harmonie an, er benennt die Grausamkeit der lebendigen Welt. Denn in dieser Szene jagen und fressen hungrige Vögel die Fische. Storm ist hier angeregt von der damals aktuellen Evolutionstheorie.

Evolutionstheorie

An der Evolutionstheorie orientiert ist auch Haukes bitteres Gebet: „Gott […], du kannst nicht allezeit, wie du willst" (S. 69). Die Gesetze der Evolution sind eben stärker als Gott (falls er überhaupt existiert). An einen Allmächtigen glauben die naiv-frommen Sektierer (S. 69 f.) und das Kind Wienke. Dieser Schwachsinnigen erscheint allerdings nicht Gott als der Allmächtige, sondern ihr Vater Hauke: „Vater kann alles – alles!" (S. 81)

Der Schimmelreiter – ein sozialer Roman. Warum scheitert Hauke?

Ein sozialer Roman ist ein Roman, der darstellt, in welchen sozialen Kontakten und Verpflichtungen die Menschen stehen und wie ihr Denken von daher bedingt wird.

Definition „Sozialer Roman"

Soziale Kontakte und Verpflichtungen bestimmen die Handlung im *Schimmelreiter*. Der Roman spielt in einem Dorf, in einer Gemeinschaft, in der alle durch Deich- und Flutprobleme verbunden sind.

Soziale Kontakte und Verpflichtungen bestimmen die Handlung

Der Roman beschreibt Hauke als ein Mitglied der Dorfgemeinschaft, und zwar zuerst als ein unauffälliges Mitglied: Er leistet Kärrner-Arbeit (S. 10). Später freilich überwacht er die Kärrner-Arbeit. Haukes Ehrgeiz braucht, wie jeder Ehrgeiz, die Mitmenschen, aber dieser Ehrgeiz hat eine sozial nützliche Komponente: Die Aufgabe des neuen Deiches ist, wie es in der Eingabe heißt, die „Förderung des öffentlichen Besten" (S. 52).

Hauke als Mitglied der Dorfgemeinschaft

Als Deichgraf hat Hauke die Aufsicht über Deich und Deichwesen. Unter ihm stehen die Deichgevollmächtigten und die anderen Dorfbewohner, über ihm stehen der kontrollierende Oberdeichgraf sowie „der Herr Amtmann" (S. 26) und „die herrschaftlichen Kommissäre" (S. 75). Deichgraf Hauke muss bei seinem Projekt des neuen Deiches auf beiden Ebenen verhandeln. Er stellt in der Ebene über ihm einen Antrag zur Baugenehmigung („die Eingabe an den Oberdeichgrafen zu Befürwortung an höherem Orte", S. 52), und er legt, in der Ebene unter ihm, den Deichgevollmächtigten die kommenden Mühen dar („Lasset uns denn beraten", S. 64; „Plan über die Verteilung der Arbeit und Kosten", S. 65). Er überwacht die Bewohner bei den Deicharbeiten. Idee, Beantragung und Durchführung des Deichbaus haben also eine politische Dimension, und Hauke spielt eine politische Führungsrolle.

Oberdeichgraf
↓
Deichgraf (Hauke)
↓
Deichgevollmächtigte
↓
Dorfbewohner

Einmal wird die höchste gesellschaftliche Schicht, der Adel, erwähnt. Die Stelle ist bemerkenswert:

Hauke freut sich, dass die Leute den Koog nach ihm benennen („Hauke-Haien-Koog!") und nicht nach adeligen „Prinzessinnen" (S. 76). Hauke denkt hier, bei aller Ruhmsucht, **als Demokrat**, ähnlich wie Storm selbst, der den Adel hasste.

Hauke scheitert sozial und politisch

Hauke scheitert. Auf den ersten Blick geht es nur um ein punktuelles Fehlverhalten Haukes: Er ist zu schwach, Ole Peters zu widersprechen und den alten Deich zu reparieren (S. 87). Doch damit scheitert Hauke in seiner sozialen und politischen Rolle. „Ich habe meines Amtes schlecht gewartet!" (S. 97), sagt er nach dem Bruch des alten Deiches und begeht Selbstmord.

Warum scheitert Hauke? Es gibt drei Antworten:

Zerrüttung eines Genies in einer feindlichen Umwelt

→ **Die Menschen sind zu träge und zu dumm**, um die kühnen Ideen des klugen Hauke Haien zu würdigen. Sie opponieren ständig gegen ihn, ermüden ihn, machen ihn krank. Schließlich kann er in dieser „Mattigkeit" (S. 84), bei nachlassender Kraft (S. 87), nicht mehr sachgerecht entscheiden. Das **Genie** Hauke wird von der Bevölkerung, von der sozialen Umgebung, eingeengt und **gelähmt**.
Kurz gesagt: *Der Schimmelreiter* beschreibt die Zerrüttung eines Genies in einer feindlichen Umwelt.

Kritik am Rationalismus

→ Hauke denkt zu sehr an den Deichbau, an das technisch Machbare. Hauke ist **dem Rationalismus verhaftet**. Rationales Denken und Handeln ist immer einseitig. „Storms Held scheitert, weil er zu spät bemerkt, wie er seiner rationalistischen Teilansicht universale Geltung zuschreibt."[17]

---

17 Segeberg (1987), S. 92.

Kurz gesagt: *Der Schimmelreiter* ist eine Kritik am Rationalismus.[18]

→ Hauke **verhält sich politisch falsch**. Er ist gegenüber seinen Mitmenschen unduldsam. Gegenüber seinen Widersachern empfindet er „Hass“ (S. 41). Bei seinen Überwachungen ist er zu streng („hartes Anfahren“, S. 71). Krass ausgedrückt: Hauke Haien ist größenwahnsinnig. Jedenfalls gilt: Hauke bemüht sich zu wenig um Menschenführung. Er sieht nicht „die zwingende Notwendigkeit konstruktiver Interaktion als oberster Bedingung für den gesellschaftlichen Fortschritt“[19]. Wer Neues und Großes schafft wie er, muss das beachten, was die Vorgänger schon geschaffen haben; also auch – im Falle Hauke – den alten Deich. Und gar nicht lässt sich Hauke auf die Frage ein, ob zur Rettung der Menschen bei einer Sturmflut „der neue Deich durchstochen werden“ soll (S. 86); er verbietet es einfach (S. 96).
Kurz gesagt: *Der Schimmelreiter* ist ein Roman über falsches politisches Handeln.

Roman über falsches politisches Handeln

Auch ist festzustellen: Hauke reagiert zu hart auf den Aberglauben der Bevölkerung. Als die Deicharbeiter einen lebenden Hund eingraben wollen, ruft wird er sie wütend zurück („jähe Zornröte“, S. 73). Trien' Jans' Sage von der am Deich gefangenen Wasserfrau verbietet er (S. 83). Die abergläubischen Vorstellungen drücken aber die Ängste der Bevölkerung aus. (Dies haben wir auf S. 68 besprochen.) Hauke müsste sich sensibel zeigen und mit den Men-

Hauke und der Aberglaube

18 Manche Interpreten sagen stattdessen, *Der Schimmelreiter* sei eine Kritik an der Aufklärung. (So Stein, S. 182, Neumann, S. 131.) Doch dies geht zu weit. Kritik am Rationalismus ist noch längst nicht Kritik an der Aufklärung. Die Aufklärung ist viel umfassender als der Rationalismus und zum Teil sogar antirationalistisch; siehe das Werk Jean-Jacques Rousseaus oder die Erzählungen Voltaires.

19 Freund (1987), S. 162.

schen diskutieren. Von dem Mann, der „mit freundlichem Gesicht" die Deicharbeiter zum Weiterschaffen ermuntert (S. 74), könnte Hauke viel lernen.

Hinzu kommt: Hauke, obwohl ein Gegner des Aberglaubens, **nutzt den Aberglauben der Menschen aus**, um seine Autorität zu festigen. Er reitet den auffälligen Schimmel: „Sie hatten abergläubische Furcht vor ihm." (S. 74)

Der Schimmelreiter – ein realistischer Roman

Definition „Realistischer Roman"

Ein realistischer Roman ist ein Roman, der das wirkliche Leben in seiner Vielfalt wiedergibt. Aber was ist das wirkliche Leben, die Wirklichkeit? Können wir sie mit unserer menschlichen Beschränktheit überhaupt erfassen? Man definiert daher besser so: Ein realistischer Roman ist ein Roman, der eine Illusion herstellt, die auf den Leser wie das wirkliche Leben wirkt.[20] – Der Realismus war 1850–1890 die führende literarische Richtung.

Alles, was man erlebt, ist erzählwürdig

Für den realistischen Erzähler ist alles, was man erlebt, erzählwürdig. Er erzählt nicht nur das Feierliche, sondern auch das Alltägliche, nicht nur das Schöne, sondern auch das Hässliche, nicht nur das Bedeutende, sondern auch das Private und das Banale. Das Können eines realistischen Autors wie Storm besteht darin, aus solchen schlichten Elementen ein Kunstwerk zu schaffen.

Wir finden im *Schimmelreiter*

→ **das Alltägliche**: Erdarbeiten am Deich (S. 10, 65, 72), Szenen des Essens („die verzehrte fette Ente", S. 20), schlichte Gespräche („‚Ei, Vater', sagte Elke, ‚war's nicht die Otter […]?'", S. 25), Verhaltensweisen im Dorf (die Frau Pastorin lauscht neugierig, S. 42; Unkraut muss „gebuscht" werden,

---

20 Siehe Aust, S. 90.

S. 24), Werktage mit „neuer Plag und Arbeit" (S. 85). Durch das Nennen des Alltäglichen wird die Örtlichkeit vorgestellt. Storm schafft also ein **Lokalkolorit**. Hierzu gehören auch die plattdeutschen Wendungen (zum ersten Mal auf S. 7), aber auch die exakten Erläuterungen zu Land und Leuten: Hauke setzt sich „auf einen grob geschnitzten Holzstuhl, wie sie noch derzeit hier an Winterabenden im Hause selbst gemacht wurden" (S. 23), der Reisende sieht „die sogenannten ‚Ricks', das heißt [...] Balken mit großen eisernen Ringen" (S. 7). Zu Storms Spektrum des Alltäglichen zählen auch die Fachbegriffe aus Deichbau und Deichwesen: ‚Gevollmächtigter', ‚Wehle', ‚Lahnung' usw. – Neben dem Alltäglichen erscheint auch das Feierliche, z. B. die Beerdigung des alten Deichgrafen.

→ **das Hässliche**: den unsympathischen Pferdehändler („ruppiger Kerl", S. 58), Wienkes Schwachsinn (die Augen „schauten ein wenig stumpf"; S. 72), die Tötung des Katers (dem die Augen „vorquollen", S. 15). – Neben dem Hässlichen erscheint auch das Schöne, etwa Elkes Auftreten in der Abendsonne (S. 19 f.).

→ **das Private**: Es gibt eine wichtige Stelle:
Elke stellt sich schlafend („wie schlafend", S. 51), wenn Hauke spät nach Hause und ruhebedürftig ins Schlafzimmer kommt. Diese Szene zeigt Elkes rücksichtsvolles Wesen, Haukes Deichgrafen-Fleiß und ihr geregeltes Zusammenleben – freilich aber auch das Manko dieser Ehe, in der keine Zeit ist für Zärtlichkeiten im Schlafzimmer und für Nachwuchspläne. Elke empfindet dieses Manko, sie wartet ja „mit klopfendem Herzen nur auf ihn" (ebd.). Die Szene ist ein sehr privates, kühn gewähltes Detail, das sehr viel aussagt. Es gibt wenige Schriftsteller des 19. Jahrhunderts, die ihre Leser an ein Ehebett führen.

Schluss-Episode als Glanzstück des Realismus

Ein Glanzstück des Realismus ist die Schluss-Episode von Haukes Untergang (S. 98 f.). Wir erfahren Haukes Grausamkeit („noch ein Sporenstich“ für den armen Schimmel), den Schrecken des Endes („kurzer Kampf“), den ruhigen „Lichtschein“ vom Gehöft – und sofort danach eine banale Geste des Zuhörers: „Ich griff nach dem gefüllten Glase […].“ In kurzen Schritten wechselt der Stil; man nennt dieses Vorgehen Stilmischung. Sie ist typisch für realistische Romane.

Stilmischung

Passt die Darstellung des Aberglaubens und des Unheimlichen zum Realismus?

Auch der Aberglaube und das Unheimliche erscheinen. Dies passt zum Realismus, denn Storm sagt uns, wie Aberglaube entsteht, nämlich aus der Angst der Menschen (wir haben dies auf S. 67 f. besprochen). Für den Vorfall am Anfang, wo der Reisende einem gespenstischen Reiter begegnet (S. 6), kann man eine Erklärung geben; dies hat Storm in einigen Sätzen getan. Allerdings hat Storm die Sätze wieder gestrichen. (Siehe in unserem Kapitel ‚Materialien', S. 91.) Storm will sagen: **Das Unheimliche und Unerklärbare ist Teil unserer Welt.** Auch daher passen die unheimlichen Elemente zum Realismus.

Grenze des Realismus

Freilich stößt Storm damit an die Grenze des Realismus. Der Literaturwissenschaftler Fritz Martini stellt hierzu fest: „Das Verhältnis zwischen dem mythischen und geschichtlichen Bereich, dem Magischen und Psychologischen bleibt absichtlich im Unklaren.“[21]

Der Schimmelreiter – ein moderner Roman

Definition „Moderner Roman“

Ein **moderner Roman** ist ein Roman, in dem während des Erzählens über die Probleme und die Fragwürdigkeit des Erzählens gesprochen wird; kurz: in dem das Erzählen selbst thematisiert wird. (Man nennt dies ein ‚selbstreferenzielles' Erzählen.) Der be-

---

21 Martini, S. 662.

rühmteste moderne Roman ist *Die Falschmünzer* (1925) von André Gide, in dem nicht nur Falschmünzer auftreten, sondern auch ein Schriftsteller, der einen Roman mit genau diesem Titel schreibt.

Funktion des Romanbeginns

Auch Storms *Schimmelreiter* hat Züge von Modernität. Storm hätte das Werk mit S. 9, mit der eigentlichen Schimmelreitergeschichte, beginnen können: „In der Mitte des vorigen Jahrhunderts […] gab es hier einen Deichgrafen" usw. Das wäre ein traditioneller Romanbeginn. In dieser Art hat Heinrich von Kleist seine Erzählung *Michael Kohlhaas* (1810) eröffnet.[22] Doch Storm hat seine eigentliche Geschichte mit zwei Rahmen umgeben, in dem zitierten Satz (S. 9) spricht der dritte Erzähler des Werkes, der Schulmeister. Dadurch wird das Erzählte infrage gestellt. Wir spüren, es könnte auch jemand anders vom *Schimmelreiter* erzählen und dessen Erzählen wäre anders.

Subjektives Erzählen

Genau dieser Gedanke wird ausgesprochen. Der Deichgraf in der Gaststube behauptet nämlich, der Schulmeister erzähle unzuverlässig, er erzähle „nicht so richtig, wie zu Haus meine alte Wirtschafterin Antje Vollmers es beschaffen würde" (S. 8). Der Schulmeister reagiert mit diesem Bekenntnis: Er habe „nach bestem Wissen" berichtet (S. 99). Sein Erzählen sei eben subjektiv. Die kleine Diskussion stellt also eine Warnung an uns Leser dar: Jedes Erzählen ist unzuverlässig!

Wir erkennen also: *Der Schimmelreiter* erzählt nicht nur, wie kompliziert und gefahrvoll das Deichwesen ist, sondern auch, wie kompliziert und **fragwürdig das Erzählen einer Geschichte** ist.

---

22 *Michael Kohlhaas* beginnt so: „An den Ufern der Havel lebte, um die Mitte des sechzehnten Jahrhunderts, ein Rosshändler […]." (Kleist, Heinrich von: *Sämtliche Werke.* München: Winkler, 1971, S. 7.)

Beachten wir dabei:

Warnung vor zu männlich orientiertem Erzählen

→ *Der Schimmelreiter* warnt uns sogar davor, dass das Erzählen zu sehr männlich orientiert sein könnte. Denn der Schulmeister, der Mann, lässt Antje Vollmers nicht zu Wort kommen, und Hauke Haien verbietet Trien' Jans das Erzählen ihrer Meerfrau-Sage (S. 83). Allerdings ist zu bedenken, dass das Werk doch mit dem Auftreten einer Frau beginnt, der „Urgroßmutter" (S. 5), und der Freude bei ihr am Lesen und Erzählen.

Leser als Partner und „Spiegelbild" des Erzählers

→ Durch die Erörterung des Erzählens wird der Leser ernst genommen. Er wird zum Partner des Erzählers. Und sogar: Der Leser ist ein „Spiegelbild" des Erzählers.[23] Denn im ersten Satz des Werkes liest der Erzähler in einer Zeitschrift („Lesen eines [...] Zeitschriftenheftes", S. 5). Er handelt also so wie wir, wenn wir den *Schimmelreiter* in einem Buch lesen.

Erzählen von Generation zu Generation

→ Zu Beginn erfährt der Erzähler als Kind eine Geschichte. Kind, Urgroßmutter und die Erinnerung daran werden genannt (S. 5). Diese Szene besagt, dass das Erzählen immer weiter geht, von Generation zu Generation. In den letzten Sätzen des Werkes heißt es: „Der Hauke-Haien-Deich steht noch jetzt nach hundert Jahren" (S. 99). Er existiert jetzt und weiterhin. Damit wird uns gesagt: Deichbau und Erzählkunst, sie beide haben eine große Zukunft.[24] Wiederum sehen wir, im *Schimmelreiter* ist nicht nur der Deich ein Thema, sondern auch das Erzählen.

---

23 von Graevenitz, S. 283.

24 Der Interpret Philipp Theisohn sagt sogar: „Die Risse, die sich immer wieder in der Deichwand auftun, [...] betreffen das Erzählen selbst", denn sie sind ein Bild dafür, dass in dieser Novelle das übliche „novellistische Erzählen unterhöhlt" wird. (Theisohn, S. 105 f.)

4. REZEPTIONSGESCHICHTE

ZUSAMMEN-FASSUNG

Seit seinem Erscheinen hat *Der Schimmelreiter* die Leser begeistert. Durch diese Novelle ist der Schimmelreiter eine volkstümliche Sagengestalt der Nordseeküste geworden. Das Werk wurde weltweit übersetzt und drei Mal verfilmt. Die Literaturwissenschaft hat Hauke Haien als Genie gedeutet. Manche haben ihn sogar als faschistischen Führer gefeiert. Andere Interpreten sahen kritisch auf Haukes Machtversessenheit.
Neuere Deutungen beobachten die vielschichtige Seele dieses Helden.

Begeisterte Leser. Filme und andere Medien

Storms Schaffen auf dem Höhepunkt

Die Briefe, die Storm zu seinem *Schimmelreiter* erhielt, waren voller Lob: „Wundervoll die Verbindung des Abergläubisch-Geheimnisvollen mit dem sachkundigen Realismus, der da weiß, wie man Deiche baut". schrieb der Literaturprofessor Erich Schmidt[25], und der Schriftsteller Paul Heyse bekannte: „Ein gewaltiges Stück, das mich durch und durch geschüttelt, gerührt und erbaut hat."[26] Die Leser bemerkten, dass der *Schimmelreiter* der Höhepunkt in Storms Schaffen ist; der Rezensent Wilhelm Brandes schrieb: „Wie der Held um Hauptes länge seine Dorfgenossen, so überragt sein dichterisches Bild die Mehrzahl der Gestalten, die Storms Fantasie geschaffen hat [...]."[27]

---

25 *Storm – Schmidt*. II, S. 149.
26 Heyse an Storm, 2. 5. 1888, zit. nach Wagener, S. 54.
27 Zit. nach Storm: *Sämtliche Werke in vier Bänden*. Bd. 3, S. 1085.

Mode-Autor

Einen Aufschwung erlebte Storms Verbreitung, als ab 1904 der Verlag Westermann eine mit Heidemotiven geschmückte Storm-Ausgabe in mehreren Auflagen herausbrachte. Storm wurde zum Mode-Autor, der den ‚gebildeten Bürgern' die, wie sie meinten, ‚gute alte Zeit' nahebrachte. „Wir können Theodor Storm als den typischen deutschen Heimatkünstler ansehen, der in seiner feinen Verinnerlichung jedem deutschen Bürgerhaus nahesteht"[28], heißt es in einem *Theodor-Storm-Gedenkbuch* von 1916 (im Krieg!). Im Inflationsjahr 1923 witzelte der große Kulturkritiker und Essayist Kurt Tucholsky: „Dieses Land [Deutschland] ist durch und durch krank. Unterernährt (in der Stadt) [...] – geistig blockiert – lesen Sie spaßeshalber vier Seiten Storm, und Sie sehen, was geworden ist [...]."[29] Storm erzähle von einer heilen vergangenen Welt!

Nazizeit

Die heimattümelnde Freude an Storm wurde in der Nazizeit gefördert. Schon 1927 stand in der Zeitschrift *Volk und Rasse*, *Der Schimmelreiter* berichte „das Leben des nordischen Rassemenschen", und in der *Thüringer Gauzeitung* vom 3. Juli 1938 hieß es, Storm erzähle das „ewige Erbe von Herkunft und Heimat"[30]. Bei manchen Lesern hatte die Begeisterung für Storm bessere Gründe. Thomas Mann schrieb 1930: „Das hohe und innerlich vielerfahrene Künstlertum Storms hat nichts zu schaffen mit Simpelei und Winkeldumpfigkeit, nichts mit dem, was man wohl eine Zeitlang ‚Heimatkunst' nannte."[31]

Weit überregionale Bedeutung

Storms überregionale und weltweite Bedeutung zeigt sich darin, dass er vielfach, größerenteils nach 1945, übersetzt worden ist, auch ins Chinesische und Japanische. 1999 erschien ein

---

28 Georg I. Plotke in: Friedrich Düsel (Hg.): *Theodor-Storm-Gedenkbuch zu Storms hundertstem Geburtstage 14. September 1917.* Braunschweig/Hamburg: Westermann, 1916, S. 75.
29 Tucholsky, Kurt: *Ausgewählte Briefe 1913–1935.* Frankfurt a. M.: Zweitausendeins, 2005, S. 153 (an Hans Schönlank, 10. 1. 1923).
30 Beide Zitate nach Weinreich, S. 88.
31 Mann, S. 22.

Band[32], in dem zehn japanische Literaturwissenschaftler Storms Werk deuten, und zwar auch den *Schimmelreiter*, und im Jahr 2005 ist in Russland eine neue und mit reichem Kommentar versehene Übersetzung[33] des *Schimmelreiters* erschienen. Die erste russische Übersetzung ist von 1965.

Schimmelreiter touristisch relevant

Der Schimmelreiter hat die Nordseeküste und ihre Atmosphäre in ganz Deutschland populär gemacht. Die heutige Fremdenverkehrswerbung preist die Region um Husum als ‚Land des Schimmelreiters' an, Gaststätten nennen sich ‚Zum Schimmelreiter'. Storms Buch und sein Erfolg haben den Schimmelreiter Hauke Haien zu einer Nordsee-Sagenfigur gemacht. Es gibt Sagenbücher, die die gleiche Schimmelreiter-Handlung wie bei Storm erzählen, doch alle diese Bücher sind erst nach Storms Werk erschienen.[34]

Verfilmungen

Drei Verfilmungen gibt es.

→ 1934: Regie Curt Oertel/Hans Deppe, in den Hauptrollen Mathias Wieman, Marianne Hoppe.
→ 1978: Regie Alfred Weidenmann, in den Hauptrollen John Philipp Law, Anita Ekström.
→ 1984: TV-Koproduktion (DDR, Polen), Regie Klaus Gendries, in den Hauptrollen Sylvester Groth, Jolanta Grusznic.

Die Verfilmung von 1934 ist die beste. Die Kameraführung mit ihren Hell-Dunkel-Kontrasten lässt die Landschaft stark auf den Betrachter wirken. Allerdings steht dieser Film in der Nazi-Ideologie: Hauke Haien wird zum Landeroberer stilisiert, gestrichen hat man seine schwachsinnige Tochter. Der Film von 1978 ist klischeehaft durch

---

32 Siehe Tanaka u. a. (Hg.).
33 Hinweis in: Mitteilungen aus dem Storm-Haus 20 (2007), S. 22.
34 „Eine Schimmelreiter-Sage lässt sich vor dem Erscheinen der Novelle (1888) weder in Nordfriesland noch in Dithmarschen belegen." (Eversberg (2010), S. 13)

seine Dialoge und Kostüme, doch beeindruckt die Schauspielerin Lina Carstens als die alte Trien' Jans. Der Film von 1984 stellt die sozialen Konflikte realistisch dar, und er nimmt Storms Rahmentechnik auf.

Mehrfach wurde *Der Schimmelreiter* auf die **Bühne** gebracht: als Schauspiel etwa am Berliner Maxim-Gorki-Theater am 13. Oktober 2007 (Bearbeitung und Regie Armin Petras); am Hamburger Thalia-Theater am 5. Januar 2008 (Bearbeitung John von Düffel, Regie Jorinde Dröse, in den Hauptrollen Ole Lagerpusch und Paula Dombrowski), als Oper am Theater Kiel am 21. Juni 1998 (Musik von Wilfried Hiller).

Der Schimmelreiter hat **Künstler** angeregt. Von Alexander Eckener (1870–1944) stammen stimmungsvolle Radierungen. Jens Rusch (geb. 1950) hat Radierungen geschaffen, die sich auf zwei Ebenen bewegen. Sie stellen mit sehr vielen Details das Sichtbare und das Geträumt-Unheimliche dar und machen so Storms besonderen Realismus deutlich. (Unter http://www.jens-rusch.de/index.php/Schimmelreiter findet man viele Zeichnungen und Radierungen zum *Schimmelreiter*.)

Jens Rusch:
Elke und Wienke
mit Trien' Jans
am Spinnrad
© Jens Rusch,
www.jens-rusch.de

Der Schimmelreiter und die Literaturwissenschaft

Hauke als Held, Wohltäter und Genie

Wie ist Hauke Haien zu deuten? Lange Zeit waren sich die Interpreten einig, dass er ein bewundernswerter Held und ein großer Wohltäter seiner Mitmenschen sei. In der Nazizeit sah man ihn sogar als einen Führer der Massen und als faschistischen Helden, wie es die Verfilmung von 1934 belegt. Später betonte man immerhin noch ‚das Genie' Hauke, das für die anderen zukunftsweisend plant und handelt. Franz Stuckert schrieb: „Überall ‚greift er an' in dem tieferen Doppelsinn des Wortes"[35], und für Fritz Martini war Hauke ein „seelischer Aristokrat"[36]. Ebenfalls einen bewundernswerten, nämlich einen vernunftgeleiteten Hauke Haien arbeitete 1981 der Literaturwissenschaftler Wolfgang Frühwald heraus: Das Finale des *Schimmelreiters* zeige „das einzige Kontinuum inmitten von Zerstörung und Verfall: die Vernunft des Menschen"[37]. Bei Peter Goldammer, dem Stormkenner der DDR, steht: Hauke ist ein „Mann, der den dumpfen Aberglauben als einen Feind des freien Denkens und Handelns bekämpft"[38].

Hauke als Vernunftsmensch

Ein neues Zeichen setzte bereits 1965 der Germanist Jost Hermand. Ihn erinnerte Hauke Haien an die ‚Gründerzeit' der 1870er Jahre im Deutschen Reich und ihre skrupellosen politischen und wirtschaftlichen Aufsteiger. Hauke Haien sei ein Warnbild, das Machtversessenheit ausmalt: „Selbst vor Opfern schreckt er nicht zurück, über Leichen reitend wie eine ‚schweifende, blonde Bestie'"[39]. Diesen Thesen stimmten andere Forscher nur teilweise zu, ließen sich aber davon inspirieren. Winfried Freund legte in zwei großen Beiträgen dar, dass Hauke Haien die politische Fähig-

Hauke als Machtmensch und Warnbild

---

35 Stuckert, S. 110.
36 Martini, S. 662.
37 Frühwald, S. 449.
38 Goldammer, S. 206.
39 Hermand, S. 46.

keit fehle, mit seinen Mitmenschen gut zu kommunizieren.[40] Harro Segeberg sagte, Hauke sei dem „Zweckrationalismus“ verfallen[41], und der Mathematikprofessor Knut Radbruch kritisierte Haukes Umgang mit der Mathematik, einen zu theorieorientierten Umgang.[42] Radbruchs Buch ist eine große Studie über den Zusammenhang zwischen Mathematik und Erzählkunst.

Einzelne Motive

Auch einzelne Motive wurden von den Forschern beachtet, etwa die Schilderung der zerbrochenen oder zerbrechenden Familien (so von Wolfgang Tschorn) oder die Symbolik der Tiere. Ingrid Schuster schrieb, Haukes Umgang mit den drei Tieren Kater, Schimmel und Möwe entlarve seine „skrupellose Seite“[43]. 1976 publizierte Reimer Kay Holander eine große, das ganze Deichwesen präsentierende Quellenstudie. Im Jahre 1946 hat der amerikanische Germanist Walter Silz Storms sprachliche Feinheiten herausgearbeitet und seine „Stimmungskunst“[44] beschrieben.

Erst 1949, also erst 61 Jahre nach dem Erscheinen des Buches, wurde Storms Hauptquelle entdeckt, die Erzählung *Der gespenstige Reiter* (1838) eines unbekannten Autors. Im Jahre 1979 wurden Storms Manuskriptblätter mit dem ursprünglichen Schluss des *Schimmelreiters* aufgefunden.[45]

Die Theodor-Storm-Gesellschaft, von deren Mitgliedern fast alle neueren Forschungsergebnisse stammen, wurde 1948 gegründet.

---

40 Siehe Freund (1984), v. a. S. 98, und Freund (1987), S. 161 f.
41 Segeberg (1987), S. 92.
42 Vgl. Radbruch, S. 121–124.
43 Schuster, S. 168.
44 Silz, S. 9.
45 Zu diesen späten Funden siehe Laage (2006), S. 130 und S. 124, sowie Eversberg: *Vor der Deichnovelle*, S. 324 f. – Der ursprüngliche Schluss ist teilweise wiedergegeben in unserem Kapitel ‚Materialien‘, S. 91.

Der Schimmelreiter im 21. Jahrhundert

Verborgene Geschichten

Im *Schimmelreiter*, sagen neuere Forscher, gebe es verborgene Geschichten. Eine solche Geschichte sind die Anstrengungen des Schulmeisters, bei seinem Erzählen Ordnung und Zusammenhang in all die Erinnerungen und Gerüchte des Dorfes zu bringen. Andreas Blödorn schreibt im Jahre 2005: „Neben der Geschichte vom Schimmelreiter wird also eine zweite Geschichte vom Erzählen erzählt, die zugleich über den eigenen Status als Text Auskunft gibt.“[46] Damit rückt die Eingangspassage ins Blickfeld: Liest das Kind nur eine Geschichte? Hört es auch der Urgroßmutter zu? Gerd Eversberg und Jean Lefebvre stellen 2010 fest: „Der ‚damalige Erzähler‘ [S. 5; der Erzähler in der Rolle des Reisenden] war aber nicht allein der Autor des Zeitschriftenartikels, sondern auch [die] Urgroßmutter hat erzählt“ – und die Urgroßmutter (eine Frau!) müssen wir uns als „die eigentliche Erfinderin der Geschichte des nordfriesischen Hauke Haien“ vorstellen.[47]

Hauke als psychologischer Fall

Eine neue Geschichte im *Schimmelreiter* entdeckt auch der Literaturwissenschaftler Malte Stein (2006). Hauke Haien sei ein psychologischer Fall. Er sei als Kind seelisch geschädigt worden, und diese „traumatische Erfahrung“[48] habe ihn für immer geltungssüchtig gemacht. Der neue Deich, behauptet Stein überraschenderweise, nütze niemandem außer Hauke selbst.[49] Ähnliches bemerkt Christian Neumann: „Mit den Mitteln eines Erwachsenen verfolgt Hauke also weiterhin infantile narzisstische Ziele“, nämlich den Deichbau.[50] Ein wichtiges Stichwort im *Schimmelreiter* ist für Neumann und Stein „mutterseelenallein“ (S. 12). Dem Kind

---

46 Blödorn, S. 17.
47 Eversberg/Lefebvre, S. 32.
48 Stein, S. 230.
49 Ebd., S. 177–183.
50 Neumann, S. 141.

Hauke habe die Liebe und Geborgenheit der Mutter gefehlt. – Die Psychoanalytikerin Jantje Wessel hat schon 1996 gesagt, Hauke begehre den neuen Koog unbewusst als Ersatz für die Mutterbrust.[51]

Übernahme der Evolutionstheorie

Der Literaturwissenschaftler Günther Mahal nennt Hauke einen „Hochsensiblen" und vergleicht ihn mit seinem Gegner Ole Peters. Ole sei brutal und überlebe, während Hauke untergehe. Mit Oles Weiterleben übernehme Storm auf bittere Weise die Evolutionstheorie, „Darwins Lehre des ‚Survival of the Fittest'".[52] Die Germanistin Irmgard Roebling sieht im *Schimmelreiter* Thema und Gegenthema. Das Thema sei der männlich orientierte Deichbau, das Gegenthema sei das „Kreatürliche, Spontane, Weibliche"[53]. Dieses Gegenthema erscheine im Motiv ‚Meer' und in der Frau Trien' Jans.

Thema und Gegenthema

Solche Suche nach verborgenen Geschichten und Themen nennt man **Diskursanalyse** (Diskurs heißt: Rede, Geschichte). Die Diskursanalyse spielt also eine große Rolle in der jetzigen Stormforschung. Noch nie wurde *Der Schimmelreiter* so aufmerksam gelesen wie heute, noch nie war die *Schimmelreiter*-Forschung so fantasievoll.

Problematik des technischen Fortschritts

Andere Forscher achten mehr auf Haukes Auftreten. Winfried Freund erkennt neuerdings eine „dämonische Besessenheit" in Haukes Ich.[54] Dies ist brisant, wenn wir das einbeziehen, was schon früher Lothar Wittmann und Gerd Weinreich gesagt haben. Der scheiternde Hauke ist „ein ‚Pionier' des technischen Fort-

---

51 Siehe Wessel, S. 166 f.
52 Mahal, S. 182 f.
53 Roebling, S. 207.
54 Freund (2002), S. 61.

schritts, wie es heute der Atomphysiker oder der Raketenforscher ist"[55]. Ebenso wie sein Deich „stehen die Atomkraftwerke in Harrisburg und Tschernobyl für den technischen ‚Fortschritt', aber auch für Machtmissbrauch und Verantwortungslosigkeit"[56]. Heute, seit dem 12. März 2011, sind auch die Atommeiler von Fukushima zu nennen.

Novelle als „demokratisches Werk"

Ganz anders der britische Literaturwissenschaftler David A. Jackson in seiner Storm-Biografie von 2001! Hauke Haien sei wohltätig in dem modernen Bewusstsein, dass ein gütiger Gott nicht existiert. Er mache Fehler, weil er, wie wir alle, in einer unvollkommenen Gesellschaft leben muss. Storms Roman lobe einen kleinen, edel handelnden Deichgrafen und sei dadurch „ein demokratisches Werk"[57].

---

55 Wittmann, S. 90.
56 Weinreich, S. 78.
57 Jackson, S. 325.

5. MATERIALIEN

Äußerungen Theodor Storms

Ursprünglicher Schluss des *Schimmelreiters*

Der ursprüngliche Schluss des *Schimmelreiters* enthält Sätze, in denen der Schulmeister über den gespenstischen Reiter spricht, den der Reisende gesehen hat. Storm hat die Stelle (sie gehört zu S. 99) kurz vor dem Druck gestrichen.

„‚Ja, ja, werter Herr', sagte er [d. h. der Schulmeister], ‚Sie wollen einwenden, Sie haben ihn selbst gesehen! Was Sie gesehen haben, weiß ich nicht: Es könnte auch ein Leibhaftiger, das heißt, ein Mensch gewesen sein; dort draußen auf dem Sophienhof, der Besitzer hat einen Bruder bei sich, einen alten wunderlichen Junggesellen; die Leute halten ihn für einen Narren, er selbst treibt Astronomie und hält sich für einen großen Wetterkundigen. Der hat ein hager Angesicht und ein paar tiefliegende Augen und reitet am liebsten im fliegenden Sturm auf den Deichen hin und wieder; ob er einen Schimmel hat, weiß ich nicht zu sagen; unmöglich ist das nicht. Aber – einerlei, mag reiten wer da will, nur den Deichgraf Hauke Haien lasst mir aus dem Spiel; der hat wie kaum ein Andrer seine Ruh' verdient!'"[58]

Storms Gedicht *Ostern*

Hier die beiden letzten Strophen des Gedichtes *Ostern* (1848), mit dem Storm sich mit der Schleswig-Holsteinischen Erhebung solidarisiert:

---

58 Storm: *Sämtliche Werke in vier Bänden*. Bd. 3, S. 1061 f.; auch in Eversberg (2010), S. 181.

„Hier stand ich oft, wenn in Novembernacht
Aufgor das Meer zu gischtbestäubten Hügeln,
Wenn in den Lüften war der Sturm erwacht,
Die Deiche peitschend mit den Geierflügeln.
Und jauchzend ließ ich an der festen Wehr
Den Wellenschlag die grimmen Zähne reiben;
Denn machtlos, zischend schoss zurück das Meer
Das Land ist unser, unser soll es bleiben!"[59]

Storm über den Adel

Der politisch denkende Storm zeigt sich in diesem Brief (18. Januar 1864) an den Freund Hartmuth Brinkmann:

„Du meintest einmal bei meinem letzten Besuch, Du könntest das Herunterreißen [d. h. das harte Kritisieren] des Adels nicht haben; ich sage Dir, der Adel (wie die Kirche) ist das Gift in den Adern der Nation."[60]

Storm über die menschliche Natur

An seinen Sohn Ernst schreibt Storm am 3. August 1870, kurz nach Ausbruch des Krieges mit Frankreich:

„Was mich hauptsächlich beherrscht – und das verschlingt alles Andere – das ist der Ekel, einer Gesellschaft von Creaturen anzugehören, die außer den übrigen ihnen von der Natur auferlegten Funktionen des Futtersuchens, der Fortpflanzung etc. auch die mit elementarischer Stumpfheit befolgt, sich von Zeit zu Zeit gegenseitig zu vertilgen. Das Bestehen der Welt beruht darauf, dass Alles sich gegenseitig frisst, oder vielmehr das Mächtigere immer das Schwächere; den Menschen als den Mächtigsten vermag keines

59 Storm: *Sämtliche Werke in vier Bänden.* Bd. 1, S. 57.
60 *Storm – Brinkmann*, S. 134.

zu fressen; also frisst er sich selbst und zwar im Urzustande buchstäblich. Dies ist die eigentliche Ursache der Kriege, die andern sogenannten Ursachen sind nur die Veranlassungen."[61]

Alte Sagen: der Schimmel und anderes

Aus einem Lexikon zur Mythologie:

Das Pferd in der Mythologie

„Das Pferd stellt offenbar einen der grundlegenden Archetypen dar, die die Menschheit in ihr Gedächtnis eingeschrieben hat. Seine Ausstrahlung als Symbol reicht zu den beiden Polen des Kosmos – nach oben und nach unten – und ist daher wahrhaft universell."

Und weiter:

„Pferde ziehen den Sonnenwagen, Pferde ziehen den Mondwagen im Giebel des Parthenon. So symbolisiert das Pferd gleichzeitig Nacht und Tag, Tod und Leben, Passivität und Aktion. Mit seinem Auftreten verbindet es für immer die Gegensätze. [...] Seine Macht übersteigt das Verstehbare; es ist das Wunder selbst, und schon seit der Urgeschichte haben es die Menschen in ihr religiöses Denken einbezogen. In den Tiervorstellungen der Völker wird das Pferd als Symbolträger vielleicht von einem Tier noch übertroffen, der Schlange. [...] Die geheimen Wege des Pferdes und der Schlange sind die Wasserwege, sie gehen um an Quellen und Flüssen. Daher sind Pferd und Schlange oft die austauschbaren Helden in Wundergeschichten."[62]

---

61 *Storm – Ernst Storm*, S. 73.
62 Chevalier, Jean und Alain Gheerbrant: *Dictionnaire des symboles*. Paris: Lafont.Jupiter, 1982, S. 231 f. (Übersetzung M. L.)

Die Bedeutung der Farbe Weiß

Das Weiß des Schimmels sei als fahl und farblos zu verstehen:

„Sein Weiß hat fast schon dieselbe Bedeutung wie Schwarz. Es ist die weiße Farbe der Trauer, so wie es der Wortgebrauch zeigt, wenn man von ‚weißen Nächten' (schlaflosen Nächten) oder von einem Toten als einem ‚Verblichenen' spricht."[63]

Drei Sagen über das Umherirren

Hier drei Sagen über das Umherirren, zwei davon sind Schimmel-Sagen. Storm hat sie gekannt, denn sie finden sich in der Sagensammlung seines Freundes Müllenhoff. Storm hat Müllenhoff sogar bei den Recherchen für diese Sammlung geholfen.

„Der Strandvogt.

Lorenz Jens Grethen war lange zur See gewesen und hatte viel auf Grönland gefahren. Nachher erhielt er die Oberaufsicht über das Strandwesen in Silt [Sylt] und that viel zur Verminderung der Räubereien. Einmal aber hat er bei einem Raubmorde die Augen zugedrückt. Dafür irrt er noch heute fortwährend am Strande umher, rettet aber bei Nachtzeit die Schiffbrüchigen, weckt die Strandvögte und muntert sie auf, wenn sie lässig werden, und an die Strandläufer theilt er Ohrfeigen aus, daß sie so leicht nicht wiederkommen." [64]

„In Lauenburg: Ein Deichgraf reitet den Deich an der Elbe entlang um nachzusehen. Man zwingt ihn in die Fluthen hinein zu reiten. Seitdem sieht man ihn allnächtlich auf seinem weißen Pferde."[65]

---

63 Ebd., S. 226.
64 Müllenhoff, Karl (Hrsg.): *Sagen, Märchen und Lieder der Herzogthümer Schleswig, Holstein und Lauenburg*. Kiel: Schwers'sche Buchhandlung, 1845, S. 176 f. (Zitate aus diesem Band in historischer Schreibweise.)
65 Ebd., S. 177.

Ein Wanderer, so eine Sage, sieht abends bei Oldenburg in Holstein plötzlich einen alten Schimmel neben sich:

„‚Du kommst mir eben recht', dachte der Mann, faßte den Schimmel, der das auch schon erwartet zu haben schien, und schwang sich hinauf und trabte davon. Aber schon nach ein paar Schritten fieng der Schimmel unter ihm an immer größer und größer zu werden, und wäre der Reiter nicht herabgesprungen, der Schimmel wäre mit ihm wer weiß wohin gegangen. Denn der Schimmel das war der Teufel selber."[66]

Auch diese holsteinische Sage findet sich andeutungsweise im *Schimmelreiter* wieder:

„Das vergrabene Kind.

Die Heiligensteden war am Stördeich [Stör: Nebenfluss der Elbe] ein großes Loch, das man auf keine Weise ausfüllen konnte, soviel Erde und Steine man auch hineinwarf. Weil aber der ganze Deich sonst weggerissen und viel Land überschwemmt wäre, muste das Loch doch auf jeden Fall ausgefüllt werden. Da fragte man in der Noth eine alte kluge Frau; die sagte, es gäbe keinen andern Rath als ein lebendiges Kind da zu vergraben, es müste aber freiwillig hinein gehen. Da war da nun eine Zigeunermutter, der man tausend Thaler für ihr Kind bot und die es dafür austhat. Nun legte man ein Weißbrot auf das eine Ende eines Brettes [...] "[67]

---

66 Ebd., S. 568.

67 Ebd., S. 242. (Das Kind wird vom Brot verlockt und fällt in das Loch, das sich dann in der Tat zuschütten lässt.)

Storms Hauptquelle: *Der gespenstige Reiter*

Storms Hauptquelle für seinen sagenhaften Schimmelreiter ist die Geschichte *Der gespenstige Reiter* (1838) aus der Weichselgegend (bei Danzig), abgedruckt in der von uns zitierten *Schimmelreiter*-Ausgabe, S. 101–103.

Wichtige Deutungen

Hauke als Genie

Franz Stuckert, ein in der Nazi-Zeit und noch danach anerkannter Storm-Forscher, betont das isolierte Genie Hauke Haien:

„Ein zweifacher Kampf ist es also, den Hauke Haien zu führen hat: einmal gegen die Mächte der Natur, vor allem die Gewalt des Meeres, und dann gegen den dumpfen Widerstand der Masse, die seinen Führungsanspruch zwar äußerlich anerkennt, sich innerlich aber gegen ihn auflehnt. [...] Sein Leben, der rasche Aufstieg vom Kleinknecht bis zum mächtigsten Mann in der Gemeinde, ist ebenso das Werk seines überlegenen Verstandes und seines mächtigen Willens wie sein Tod die freie Tat seines Entschlusses."[68]

Hauke als Gründerzeit-Mensch

Jost Hermand sieht Hauke Haiens Taten sehr kritisch und erinnert an die sog. Gründerzeit (ab 1871):

„Mit den höchsten Ansprüchen an sich selbst, spannt er alle anderen vor den Wagen seines Ruhms, egoistisch, brutal, führergleich. [...] Im Gegensatz zum frühen Storm, ja zum bürgerlichen Realismus überhaupt, sind hier nicht Ergebung in das Endliche, Verzicht und Maß das Entscheidende, sondern der Wille zur Verewigung der eigenen Person durch eine alles überragende Leistung, die Schaf-

---

68 Stuckert, S. 110.

fung eines neuen Landes, ähnlich der Bismarck'schen Reichsgründung oder der Wagner'schen Gründung von Bayreuth."[69]

Wolfgang Frühwald lobt den Verstandesmenschen Hauke Haien:

Hauke als Verstandesmensch

„Storm also beschreibt im *Schimmelreiter* nicht nur die Geschichte des modernen Menschen in der Epoche seiner größten Wissensproduktion, diese Epoche ist für den Autor auch Modell für die Geschichte des seiner selbst bewussten und die Kräfte seines Verstandes nutzenden Menschen. [...] Da das mythische Weltbild und das tödliche Naturprinzip eins sind, nützt Hauke Haien sie beide, um die Menschen aller Zeiten daran zu erinnern, dass der Mensch fähig ist, das Tier des Todes zu reiten, dem Tod mit seiner Hilfe Dämme und Deiche entgegenzusetzen, dass er berufen ist, als Deichgraf Schimmelreiter zu sein."[70]

Der französische Philosophieprofessor Louis Vax bespricht den Aberglauben und das Unheimliche:

Aberglaube und Unheimliches

„Im *Schimmelreiter* ist das Übernatürliche immer doppeldeutig. Der Bericht des Schulmeisters hat uns an der Entstehung eines Aberglaubens teilnehmen lassen. Andererseits werden die Fantasien der Dorfbewohner lebendig und dringen in die Wirklichkeit ein, denn der zweite Erzähler hat den gespenstischen Reiter gesehen, bevor er die Sage gehört hat. [...] Die Aussage, dass es das Übernatürliche gibt, und die soziologische Erklärung für den Glauben an das Übernatürliche finden sich unvermittelt nebeneinander.

69 Hermand, S. 45.
70 Frühwald, S. 449, 455.

Was in einem wissenschaftlichen Werk unzulässig ist, ist in einem literarischen Werk Qualität."[71]

Betrachtung des Erzählanfangs

Der Literatur- und Mythenforscher Gerhart von Graevenitz achtet auf die ersten Zeilen des *Schimmelreiters*, wo das Kind bei der Urgroßmutter die Zeitschrift liest:

„Storms *Schimmelreiter* etwa, noch immer eines der populärsten Exemplare des speziellen deutschen Realismus, modernisiert die alte poetische Ursprungsinstanz, die märchenerzählende Großmutter, zur Zeitschriftenabonnentin. [...] Als Zeitschriftenleser ist der Erzähler zugleich Spiegelbild jenes ‚tatsächlichen' Lesers, der gerade anhebt, in der ‚Deutschen Rundschau' von 1888 den *Schimmelreiter* zu lesen. Erzählen und Lesen sind komplementäre Funktionen für das Zirkulieren der Nachrichten, für das ‚Weiterreichen' von Tatsachen im geschlossenen System der Presse. Die verschachtelten Rahmen- und Erzählerfiktionen des *Schimmelreiter* inszenieren diese Stafette der ‚Zirkulatoren'."[72]

Hauke aus der Sicht eines Mathematikers

Der Mathematiker Knut Radbruch verbindet den *Schimmelreiter* mit Storms Novelle *Der Herr Etatsrat* (1881). Die Hauptfiguren seien, so Radbruch, zu theorieorientiert. Hauke Haien

„möchte dem Deichbau eine theoretisch abgesicherte, fachwissenschaftlich fundierte Basis verschaffen. Storm schildert ihn als einen theorieorientierten Deichbauingenieur, der gegen den erbitterten Widerstand seiner praxisorientierten Vorgänger eigene Wege geht. [...] Sowohl Archimedes [Hauptperson im *Etatsrat*] als auch Hauke

———

71 Vax, S. 84 (Übersetzung M. L.).
72 von Graevenitz, S. 283 f.

Haien bringen ihre besondere mathematische Begabung nicht in einen tragfähigen Bezug zu jener Umgebung, in welche sie hineingeboren worden sind; beiden gelingt es nicht, einen ihren Anlagen und Fähigkeiten entsprechenden Platz in der Gesellschaft zu finden."[73]

Irmgard Roebling betont ebenfalls das einseitige wissenschaftliche Denken Haukes:

Kritik an reiner Rationalität

„Das tragische Schicksal des Hauke Haien kann als eine Art Abgesang auf die Alleinherrschaft des technisch-naturwissenschaftlichen Diskurses verstanden werden. Das ständige ‚vorwärts, vorwärts', mit dem er seinen Schimmel antreibt, veranschaulicht die Doppelgesichtigkeit des technischen Fortschritts auf markante Weise, denn mit diesem Ruf hat Hauke zwar die Vollendung des Deichs vorangetrieben, er trägt ihn aber am Ende auch in den Tod.

Das Gegenthema im Text, das Andere, Wilde, Kreatürliche, Spontane, Weibliche, das im Bild des Meeres am Ende im wahrsten Sinne die Oberhand gewinnt, weist in die Richtung, aus der eine Erneuerung kommen muss."[74]

Malte Stein stellt die radikale These auf, der neue Deich bringe der Bevölkerung keinen Nutzen:

Haukes neuer Deich nutzlos

„‚So weit Haukes Gedächtnis reichte, waren selbst bei hohen Fluten dort nur die Ränder überströmt worden', heißt es im Text ausdrücklich [S. 49]. Die seit jeher als Weideland genutzte Landfläche mit einem Deich zu sichern, ist demnach unnötig gewesen und hat den Boden nicht aufgewertet.

---

73 Radbruch, S. 123 f.
74 Roebling, S. 207.

Im Gegenteil! Als Folge der Eindeichung wird das zuvor noch ‚kostbare' [S. 63] Vorland allmählich wertlos. [...] Im Katastrophenjahr 1756 bietet sich dem Erbauer des ‚Hauke-Haien-Koogs' ein entsprechend trostloses Bild: ‚Das Vieh war noch nicht auf den Fennen, das Gras war ungewohnt zurückgeblieben; wohin er blickte, es sah ihn leer und öde an.' [S. 85]"[75]

Deichbau und Mathematik

Deichbau und Landgewinnung

Die Situation in Nordfriesland:

„Der steigende Meeresspiegel und die damit verbundene größere Sturmflutgefahr zwangen ab dem 11. Jahrhundert die Nordfriesen verstärkt zum Bau von Deichen. [...] Als Baustoff wurde der Marschboden verwendet, Arbeitsgeräte waren Spaten und Tragbahre. Als Erdtransportmittel benutzte man auch Sturzkarren, die Störten. Sofern sie von Tieren gezogen wurden, trampelten diese als Nebeneffekt die Erde fest und trugen wesentlich zur Verdichtung des Deichkörpers bei.

Ab dem 16. Jahrhundert drängte die Landesherrschaft zunehmend auf die Gewinnung neuen Landes. Es begann ein regelrechter Bauboom, und zeitweise muss die Wattenmeer-Region von Tondern bis Tönning einer einzigen Großbaustelle geglichen haben."[76]

---

75 Stein, S. 180 f.

76 Kunz, Harry u. a.: *Nordfriesland von A bis Z. 100 Begriffe in Wort und Bild.* Bräist/Bredstedt: Nordfriisk Institut, 1998, S. 29 f.

Gerade dieser Bauboom erforderte spezialisierte Mathematiker und Ingenieure. Der Schriftsteller Klaus Groth (1819–1899) schreibt:

Deichwesen und Mathematik

„An dem Deichwesen erwachte und entwickelte sich aber auch der Sinn für Mathematik und mechanische Künste, der den Friesen von je auszeichnete. Messen und Berechnen war die einzige sichere Grundlage für Arbeiten, die oft die Kraft der ganzen Landschaft für Jahre in Anspruch nahm. Kette und Winkelmaß wurden so vertraute Instrumente in der Hand des Bauern, fast wie Spaten und Pflug; Bauten von Schleusen, Schnecken, Mühlen tägliches Ereignis. Ebenso natürlich wie einst in Ägypten und in der Lombardei Geometrie und Wasserbaukunst entstanden und sich vervollkommneten, hätten sie im Friesenlande zum zweiten Male entstehen müssen, wenn sie nicht schon vorhanden gewesen; so notwendig waren sie hier. [...] Arithmetik und Geometrie vererbten sich von Vater auf Sohn.“[77]

In genau dieser Tradition steht der schleswigsche Mathematiker Hans Momsen oder Mommsen (1735–1811). Storm hat Momsens Mathematik-Interesse zum Vorbild genommen, er erwähnt ihn im *Schimmelreiter* (S. 9).

Hans Momsen

„Und Privatstunden hat Momsen nicht eine einzige gehabt; wer sollte sie ihm gegeben haben in Fahretoft? [...] Sein Vater, der etwas vom Landmessen verstand, zeichnete einmal die Figur eines gemessenen Stück Landes. Der Sohn sah zu und fragte den zeichnenden und berechnenden Vater einmal, warum dies eben so und

77 Groth, Klaus: *Land und Leute in Dithmarschen*. In: Ders.: *Über Sprache und Dichtung*. (Sämtliche Werke. VI. Band.) Heide: Boyens, 1981, S. 23 f.

nicht anders wäre. Die Frage schien dem Vater nicht übel, er konnte sie aber nicht beantworten, die Theorie ging ihm ab, und sagte: Suche auf dem Boden unter meinen Büchern da eins heraus, das Euklid betitelt ist, das wird dir sagen, was du verlangst. Er fand den Euklid, aber der war in einer Sprache geschrieben, die er nicht verstand, in holländischer. Mit Hülfe einer holländischen Fibel und einer holländischen Bibel ward er aber bald der Sprache mächtig, dagegen die Figuren machten ihm ziemlich lange zu schaffen. Wo er ging und stand, trug er seinen Euklid bei sich […]."[78]

Heutige Planungen zur Deichhöhe

Über heutige Planungen ist zu sagen:

„Nach den Sturmfluten 1953 und 1962 wurden die Deiche nach wissenschaftlichen Überlegungen neu dimensioniert und teilweise bis zu 9 m über Normalnull aufgeschüttet. Dabei fragte man sich: Wie stark und hoch müssen Deiche sein, um den Menschen ausreichend Schutz zu geben?"
Man beschloss die Deichhöhe so, dass ein Risiko von 1 % je Jahr bleibt. Dieser Wasserstand
„wird durchschnittlich einmal in 100 Jahren vorkommen. Dieses Risiko ist nach dem amtlichen Generalplan tragbar, zumal die Mehrkosten für noch höhere Deiche wegen der geringen Häufigkeit wirtschaftlich nicht vertretbar wären. Hinzu kommt, dass der Querschnitt der neuen Deiche mit den flachen Außenböschungen so angelegt ist, dass über die Deichkrone schießende Wellen die Deichhaut nicht zerstören."[79]

---

78 Harms, Claus: *Schleswig-Holsteinischer Gnomon* (1843). Zit. nach: Laage (2006), S. 127 f.
79 Naudiet, Rainer: *Sturmflut.* Münsterdorf: Hansen & Hansen, 1995, S. 26.

Storm als Heimatdichter?

Fontane über Storm

Der Schriftsteller Theodor Fontane (1819–1898), ungefähr gleich alt wie Storm, schätzte Theodor Storm sehr. Er schrieb aber auch:

„Wir waren zu verschieden. Er war für den Husumer Deich, ich war für die Londonbrücke; sein Ideal war die schleswigsche Heide mit den roten Erikabüscheln, mein Ideal war die Heide von Culloden [politisch bedeutendes Schlachtfeld der englisch-schottischen Geschichte, das Fontane bereist hat] mit den Gräbern der Camerons und Mac Intosh."[80]

Kurz zuvor wirft Fontane ihm vor, er halte fest an „seiner das richtige Maß überschreitenden, lokalpatriotischen Husumerei".[81]

Deutsches Wesen in Storms Erzähldichtung

Der Literaturkritiker Eduard Engel meinte:

„Storms Erzählungsdichtung ist durchaus deutsch. Einem Franzosen, der wissen möchte, was deutsches Wesen sei, könnte man sagen: Lies Storms sämtliche Novellen nacheinander; dann weißt du es. Das Leben des deutschen Hauses, gleichviel ob im Schloss, in der Stadt, auf dem Lande, dazu der deutsche Wald, das Meer an Deutschlands Küsten – das sind Storms Schauplätze. Keine seiner Novellen spielt durchweg im Auslande, wenn sich auch in einigen aus der Heimat Fäden übers Meer hinüberspinnen."[82]

---

80 Fontane, Theodor: *Von Zwanzig bis Dreißig*. In: Theodor Fontane: *Werke, Schriften und Briefe*. III/4. München: Hanser, 1973. S. 372 f.

81 Ebd., S. 364. – Fontanes Wort ‚Husumerei' wird seither von Storm-Kritikern gern benutzt.

82 Engel, Eduard: *Geschichte der deutschen Literatur des Neunzehnten Jahrhunderts und der Gegenwart*. Wien/Leipzig: Hölder-Pichler-Tempsky/G. Freytag, [8]1922, S. 218.

Storms Weltbild

Der Literaturwissenschaftler Ernst Alker schrieb vor einem halben Jahrhundert:

„Storms Novellen können nicht intensive Erlebnisse geben, nur gelegentlich berückende Stimmungen auslösen. Mit einiger Böswilligkeit und Ungerechtigkeit ließe sich Storms Weltbild als eine fast fetischistische – in gewisser Hinsicht sehr realistische – Gebundenheit an Jugend, Familie, Husum, Haus und Garten charakterisieren [...].“[83]

Sicht eines chinesischen Germanisten

Eine ganz andere Sicht! Auf einem internationalen Stormsymposion, das 1988 in Husum stattfand, sagte der chinesische Germanist Zhiyou Wang:

„Mit Freude können wir feststellen, dass die Rezeption der Werke Storms in der modernen Zeit gestiegen ist und Storm in China heute immer mehr Leser gewinnt, vor allem unter den städtischen Jugendlichen [...]. Gerade in den Werken Storms können unsere Leser die deutsche Gesellschaft im letzten Jahrhundert kennenlernen, die Gesichter verschiedener Stände und Schichten durchschauen, was dem chinesischen Leserkreis auch hilft, die deutsch sprechenden Menschen in der modernen Zeit besser zu verstehen. In diesem Sinne ist Theodor Storm wirklich übernational und überzeitlich.“[84]

---

83 Alker, Ernst: *Die deutsche Literatur im 19. Jahrhundert (1832–1914)*. Stuttgart: Kröner, 1961, ^{3}1969, S. 499.

84 Wang, Zhiyou: *Theodor Storm in China*. In: Brian Coghlan/Karl Ernst Laage (Hg.): *Theodor Storm und das 19. Jahrhundert. Vorträge und Berichte des Internationalen Storm-Symposions aus Anlass des 100. Todestages Theodor Storms*. Berlin: Erich Schmidt, 1989, S. 175.

Blicke auf andere Schriftsteller

Johann Wolfgang von Goethe lässt in seinem Drama *Faust* (II. Teil, 1832) einen Deich bauen. Hier Stellen, in denen zunächst Faust selbst spricht:

Goethes *Faust II*

„Da fasst' ich schnell im Geiste Plan auf Plan:
Erlange dir das köstliche Genießen,
Das herrische Meer vom Ufer auszuschließen,
Der feuchten Breite Grenzen zu verengen
Und, weit hinein, sie in sich selbst zu drängen."

Nach dem Bau des Deiches:

„Da rase draußen Flut bis auf zum Rand,
Und wie sie nascht, gewaltsam einzuschließen,
Gemeindrang eilt, die Lücke zu verschließen.
Ja! diesem Sinne bin ich ganz ergeben,
Das ist der Weisheit letzter Schluss:
Nur der verdient sich Freiheit wie das Leben,
Der täglich sie erobern muss."

Zwischen diesen beiden Momenten erscheint die Klage des Baucis:

„Tags umsonst die Knechte lärmten,
Hack' und Schaufel, Schlag um Schlag;
Wo die Flämmchen nächtig schwärmten,
Stand ein Damm den andern Tag.
Menschenopfer mussten bluten;
Nachts erscholl des Jammers Qual;
Meerab flossen Feuergluten,
Morgens war es ein Kanal." [85]

---

85 Goethe, Johann Wolfgang von: *Faust. Eine Tragödie.* In: *Goethes Werke.* Hg. v. Erich Trunz. Bd. III. Hamburg: Wegner, 1972, S. 309, 348, 335 (Verse 10227 ff., 11570 ff., 11123 ff.).

Schillers *Lied von der Glocke*

Friedrich Schillers Gedicht *Das Lied von der Glocke* (1799) beschreibt die Zerstörung durch eine Naturkraft, das Feuer.

„Wehe, wenn sie losgelassen,
Wachsend ohne Widerstand
Durch die volkbelebten Gassen
Wälzt den ungeheuren Brand!
Denn die Elemente hassen
Das Gebild der Menschenhand.
[…]
Pfosten stürzen, Fenster klirren,
Kinder jammern, Mütter irren,
Tiere wimmern
Unter Trümmern,
Alles rennet, rettet, flüchtet,
Taghell ist die Nacht gelichtet,
Durch der Hände lange Kette
Um die Wette
Fliegt der Eimer, hoch im Bogen
Spritzen Quellen, Wasserwogen.
Heulend kommt der Sturm geflogen,
Der die Flamme brausend sucht.
Prasselnd in die dürre Frucht
Fällt sie, in des Speichers Räume,
In der Sparren dürre Bäume,
Und als wollte sie im Wehen
Mit sich fort der Erde Wucht
Reißen, in gewaltger Flucht,
Wächst sie in des Himmels Höhen
Rießengroß!
Hoffnungslos

Weicht der Mensch der Götterstärke,
Müßig sieht er seine Werke
Und bewundernd untergehen."[86]

Theodor Fontane beschreibt in seinem Gedicht *Die Brück' am Tay* (1880) das Einstürzen einer Eisenbahnbrücke. Dabei lässt er drei Hexen auftreten. Der Schluss lautet:

Fontanes *Brück' am Tay*

„Auf der Norderseite, das Brückenhaus –
Alle Fenster sehen nach Süden aus,
Und die Brücknersleut' ohne Rast und Ruh'
Und in Bangen sehen nach Süden zu;
Denn wütender wurde der Winde Spiel,
Und jetzt, als ob Feuer vom Himmel fiel',
Erglüht es in niederschießender Pracht
Überm Wasser unten ... Und wieder ist Nacht.

*

‚Wann treffen wir drei wieder zusamm?'
‚Um Mitternacht, am Bergeskamm.'
‚Auf dem hohen Moor, am Erlenstamm.'
‚Ich komme.'
‚Ich mit.'
‚Ich nenn' euch die Zahl.'
‚Und ich die Namen.'
‚Und ich die Qual.'

---

86 Schiller, Friedrich: *Schillers Werke. In zehn Bänden.* Hg. v. Ernst Jenny. 1. Bd. Basel: Birkhäuser, 1945, S. 50–52. (Schillers Spott über das „Gebild der Menschenhand" wiederholt Hauke Haien, der sagt, dass die Menschen „nichts können", S. 12. Später aber werden die „Menschenhände" gefeiert, S. 75.)

,Hei!
Wie Splitter brach das Gebälk entzwei.'
,Tand, Tand
Ist das Gebilde von Menschenhand.'"[87]

Mays *Durchs wilde Kurdistan*

Im *Schimmelreiter* steht der Erzähler unter dem Einfluss seiner Urgroßmutter, bei der er vom Schimmelreiter erfährt und deren Hand, „gleich einem Schauer", ihn streichelt (S. 5). In ähnlicher Weise beschreibt Karl May (1842–1912) in einer Reiseerzählung eine uralte Frau, eine Kurdin namens Marah Durimeh, deren „hageres Gesicht wie dasjenige eines Totenkopfs" dem Erzähler entgegenblickt:

„Sie nahm mich bei der Hand, wie es eine Mutter mit ihrem Kinde tut, und führte mich noch einige hundert Schritte weiter, bis wir einen moosbewachsenen Fleck erreichten, von welchem aus man die ganze Gegend überblicken konnte, ohne selbst bemerkt zu werden. Sie setzte sich nieder.

,Komm, nimm an meiner Seite Platz! [...] Ich habe gehört, wie viele Freunde du dir erworben hast, und auch mich hast du beglückt. Warum bleibst du nicht daheim; warum gehest du in ferne Länder?' [...]

Und nun erzählte sie. Es war eine Geschichte, die als Sujet einen Autor berühmt machen könnte [...]."[88]

---

87 Fontane, Theodor: *Werke, Schriften und Briefe.* I/6. München/Wien: Hanser: 1978, S. 286 f. (hier wieder der Spott über die „Menschenhand").

88 May, Karl: *Reise-Abenteuer in Kurdistan.* In: Deutscher Hausschatz. 8. Jg. (1881/82; Reprint Regensburg: Karl-May-Gesellschaft/Buchhandlung Pustet, 1977), S. 381, 404, 406 (späterer Buchtitel *Durchs wilde Kurdistan*).

In die Zeit nach Storm! Sigmund Freud, der Begründer der Psychoanalyse, entdeckt in der menschlichen Seele verschiedene ‚Instanzen', Ich, Über-Ich und Es. Freud formuliert poetisch; er spricht von Pferd und Eindeichung:

Freud und die Psychoanalyse

„Man könnte das Verhältnis des Ichs zum Es mit dem des Reiters zu seinem Pferd vergleichen. Das Pferd gibt die Energie für die Lokomotion her, der Reiter hat das Vorrecht, das Ziel zu bestimmen, die Bewegung des starken Tieres zu leiten. Aber zwischen Ich und Es ereignet sich häufig der nicht ideale Fall, dass der Reiter das Ross dahin führen muss, wohin es selbst gehen will."

Freud erwähnt dann die segensreichen „therapeutischen Bemühungen der Psychoanalyse" und sagt:

„Ihre Absicht ist ja, das Ich zu stärken, es vom Über-Ich unabhängiger zu machen, sein Wahrnehmungsfeld zu erweitern und seine Organisation auszubauen, sodass es sich neue Stücke des Es aneignen kann. Wo Es war, soll Ich werden.

Es ist Kulturarbeit etwa wie die Trockenlegung der Zuydersee."[89]

Der Kulturkritiker Walter Benjamin berichtet von der schlimmen Überschwemmung 1927 am Mississippi. Sollte man einen Deich, der Felder schützt, durchstechen und damit die Wassermassen ablenken von der Stadt? Es ist dieselbe Frage wie im *Schimmelreiter*, wo Männer den neuen Deich durchstechen wollen, um das Wasser abzulenken vom alten Deich und vom Dorf. Am Mississippi verlief die Sache so:

Benjamin über den Deichdurchstich am Mississippi

89 Freud, Sigmund: *Neue Folge der Vorlesungen zur Einführung in die Psychoanalyse.* [1933] In: Ders.: *Studienausgabe Bd. 1.* Frankfurt a. M.: S. Fischer, 1969, S. 514, 516.

„Wenn man New Orleans retten wollte, musste man zu dem letzten Mittel der Verzweiflung greifen: Die Schutzdämme oberhalb der Stadt mussten gesprengt werden, um so dem Wasser einen Ausgang auf die Felder zu geben. Das war das Signal zu einem erbitterten Bürgerkriege, der die Schrecken der Naturkatastrophe noch vermehrte. Die Farmer, deren Länder da geopfert werden sollten, um die Hauptstadt zu retten, gehörten zu den ärmsten des Landes. [...] Aber die Regierung ließ sich nicht einschüchtern, die Sprengungen wurden durchgeführt. New Orleans wurde gerettet, aber 100 000 Quadratmeilen standen unter Wasser; die Zahl der Obdachlosen in jenen Gegenden betrug eine halbe Million." [90]

Traurigerweise ist Walter Benjamins Text inzwischen zu ergänzen. Im Frühjahr 2011, bei den verheerenden Tornados, war es wieder so weit. Die Stadt Cairo am Mississippi

„ist zum Schauplatz eines erbitterten Streites zwischen den zwei benachbarten Bundesstaaten Illinois und Missouri geworden. Um die größtenteils von Schwarzen bewohnte und inzwischen evakuierte Stadt zu schützen, will das Army Corps of Engineers ein zwei Meilen großes Loch in einen Deich sprengen, um das Wasser des Mississippi abfließen zu lassen. Damit aber würde fruchtbares Ackerland in Missouri überschwemmt und, so fürchtet man dort, auf Jahre hin unfruchtbar gemacht. Missouris Generalanwalt wollte die Sprengung des Deichs verhindern und hat den Obersten Gerichtshof angerufen. Vergeblich." [91]

---

90 Benjamin, Walter: *Aufklärung für Kinder. Rundfunkvorträge* [1929–1932]. Frankfurt a. M.: Suhrkamp, 1985, S. 185.

91 Rubner, Jeanne: *Land unter am Mississippi*. In: Süddeutsche Zeitung, 3. Mai 2011.

6. PRÜFUNGSAUFGABEN MIT MUSTERLÖSUNGEN

Unter www.königserläuterungen.de/download finden Sie im Internet zwei weitere Aufgaben mit Musterlösungen.

Die Zahl der Sternchen bezeichnet das Anforderungsniveau der jeweiligen Aufgabe.

Aufgabe 1 *

a) Der Schulmeister fängt an, zu erzählen: S. 9, Z. 1: „Der Alte sah mich“, bis S. 10, Z. 4: „fast überall verstand.“ Fassen Sie diese Textpassage zusammen.
b) Erschließen Sie aus dieser Textpassage Hauke Haiens Charaktereigenschaften. Setzen Sie von daher diese Textpassage in Beziehung zur gesamten Handlung.

Mögliche Lösung in knapper Fassung:

ZUSAMMENFASSUNG DER TEXTPASSAGE

a) Die Textpassage besteht aus drei Teilen. Zuerst äußert sich der Schulmeister über die Friesen und ihre Freude am Rechnen („die Friesen rechnen gut“; S. 9, Z. 9 f.), nennt den berühmten Bauern und Naturwissenschaftler Hans Mommsen und erwähnt einen Deichgrafen, der um die „Mitte des vorigen Jahrhunderts“ (Z. 2; also um 1750) gelebt und gern Berechnungen durchgeführt habe. Der spätere Deichgraf und sein Vater sind die Hauptpersonen dieser Textpassage.

An einem Wintertag sitzen sie in der Stube, der Vater löst geometrisch-rechnerische Probleme, unternimmt also Grundstück-Aufteilungen („er maß und berechnete“; Z. 20). Der Sohn sieht zu und fragt den Vater nach der Begründung für sein Verfahren. Der Vater kennt die Begründung nicht und empfiehlt seinem Sohn das Geometrie-Lehrbuch des griechischen Mathematikers „Euklid" (Z. 28). Der Sohn holt ein Exemplar des Buches vom Dachboden – es ist eine holländische Ausgabe – und außerdem eine „holländische Grammatik" (Z. 43; gemeint ist wohl ein Lehrbuch der holländischen Grammatik in deutscher Sprache). Der Vater ist skeptisch oder tut skeptisch, um den Sohn anzustacheln (die Bücher „werden dir nicht viel nützen", sagt er; Z. 41 f.).

Im Schluss-Satz der Textpassage heißt es, dass nach einigen Monaten der Sohn so weit ist, dass er das Buch von Euklid „fast überall" versteht (S. 10, Z. 4).

In der Mitte des Berichts wird von zwei Tagen gesprochen; an dem einen stellt der Sohn seinem Vater die Frage, am nächsten holt er sich die Bücher. Dabei verhält sich der Schulmeister als neutraler Erzähler, also wie einer, der beim Geschehen anwesend ist und beobachtet und zuhört; er teilt uns auch die wörtlichen Reden mit. Davor finden sich die allgemeinen Bemerkungen über die Friesen, Mommsen und den Deichgraf, danach wird der Lernerfolg des Sohnes berichtet; da geht es um größere Zeiträume, und der Schulmeister äußert sich als ein allwissender Erzähler.

HAUKES CHARAKTER-EIGENSCHAFTEN

b) Der Sohn in dieser Passage ist Hauke Haien, der spätere Held. Er tritt als wissbegieriger Junge auf, der rational orientiert ist, also sich von seinem Verstand lenken lässt. Denn er sieht dem mathematisch arbeitenden Vater zu und stellt eine fachliche Frage. Hauke ist so zielstrebig und beharrlich, dass er alle Hindernisse, die sich ihm in den Weg stellen, zur Seite räumt. Denn mit der Auskunft des Vaters: „genug, es ist so" (S. 9, Z. 26) gibt er sich nicht zufrieden; er hört zu, als der Vater mit den Worten „Willst du mehr wissen" (Z. 26 f.) weiterredet, holt sich das Buch von Euklid und, da es in fremder Sprache geschrieben ist, ein entsprechendes Lehrbuch. Von der (gespielten) Skepsis seines Vaters lässt er sich nicht bestimmen; er macht sich daran, das Buch des Euklid mithilfe des anderen Buches zu verstehen. Seine Arbeit ist erfolgreich; sie dauert Monate, ohne dass er sich entmutigen lässt. Hauke ist begabt für die Mathematik und das Erlernen von Fremdsprachen.

Zu beachten ist noch: Hauke dringt ohne Lehrer oder andere helfende Personen in die beiden Bücher ein; er ist also selbstständig und arbeitet gern einsam. Da er mehr wissen will als sein Vater, zeigt er sich ehrgeizig und vielleicht sogar machtbewusst. Außerdem plant er sein Lernen zeitlich geschickt, nämlich er widmet sich ihm genau in den Wintermonaten, in denen draußen nicht gearbeitet werden kann. Denn es heißt, er habe am Buch gesessen, bis „die Stachelbeeren in ihrem Garten wieder blühten" (S. 10, Z. 2), bis April.

BEZUG DER TEXTPASSAGE ZUR GESAMTEN HANDLUNG

Die genannten Charaktereigenschaften sind die wichtigsten Eigenschaften Haukes im Laufe der Novelle. Damit steht die Textpassage in enger Beziehung zur gesamten Handlung. Anders gesagt: Die Textpassage deutet, indem sie diese Eigenschaften thematisiert, auf das spätere Geschehen sehr genau voraus. Einige Beispiele: Später erforscht Hauke Deichprofile und Deichkonstruktionen – sein Wissensdurst, seine rationale und mathematische Begabung entfalten sich. Er strengt sich an, Elkes Ehemann und Deichgraf zu werden und gegen den Widerstand der Mitmenschen einen Deich zu planen – sein Ehrgeiz veranlasst ihn dazu, seine Zielstrebigkeit und seine Ausdauer helfen ihm dabei. Er tritt als imponierender Schimmelreiter in Erscheinung – seine Selbstständigkeit, sein Hang zur Einsamkeit und sein Machtbewusstsein werden sichtbar. Er geht gegen den Aberglauben der Menschen vor – wieder zeigt sich seine rationale Haltung. Auch präzise zeitliche Planungen sind dem Deichgrafen Hauke wichtig (z. B.: „morgen früh vier Uhr", S. 75).

Diese Textpassage legt dar, dass Hauke Haien ein außergewöhnlicher Mensch ist. Sie kündigt ihn damit als den Helden der Novelle an. Da der junge Hauke erfolgreich lernt, deutet sich sogar schon an, dass *Der Schimmelreiter* ein Entwicklungsroman ist. Dass Hauke am Ende scheitern wird, bereitet diese Passage nicht vor. Die Erwähnung der gut rechnenden Friesen (S. 9, Z. 9 f.) lässt eher denken, dass Hauke gut in seine Umwelt passt.

Aufgabe 2 ***

Der Literaturwissenschaftler Harald Neumeyer sagt: Die Novelle „erzählt, dass es *den* Hauke Haien nicht gibt, sondern – je nach Erzähler – mindestens zwei Haukes, deren Wirklichkeitsstatus unentscheidbar bleibt" (Neumeyer, S. 120). Setzen Sie sich mit dieser Äußerung auseinander.

Mögliche Lösung in knapper Fassung:

ZWEI HAUKES

Diese Äußerung führt in die Rahmentechnik des *Schimmelreiters*. Die meisten Deutungen der Novelle beziehen sich nur auf die innere Binnenerzählung, den Bericht des Schulmeisters (S. 9–99 mit Unterbrechungen). Ein Schimmelreiter tritt aber schon außerhalb dieser Binnenerzählung, in einer geheimnisvollen Begegnung (S. 6), auf. Wir erkennen damit zwei Haukes: Von dem **einen Hauke** spricht der Schulmeister in seiner großen Binnenerzählung, von dem **anderen Hauke** spricht der Reisende. In dem einen Fall handelt es sich um eine **realistische Geschichte.** In dem anderen Fall handelt es sich um eine **Gespenstergeschichte:** über den Hauke hier heißt es: „zwei brennende Augen aus einem bleichen Antlitz" / „lautlos" (S. 6) / „den hageren Reiter auf seinem Schimmel vorbeisausen gesehen" (S. 14) / „der Schimmelreiter hat sich in den Bruch gestürzt" (S. 39).

Drei Punkte sind wichtig:

Erstens: Die beiden Geschichten greifen ineinander. Es wird nämlich die Vorstellung erwähnt, die beiden Haukes seien derselbe, also die Ansicht, der Deichgraf Hauke kehre nach seinem Tode als Gespenst wieder. Dies glauben viele, etwa Antje Vollmers, die alte Wirtschafterin. Der Schulmeister lehnt diese Vorstellung ab. Er beschimpft den „dummen Drachen" Antje (S. 8), der alles „anders erzählt" haben würde (S. 99); damit werde Hauke dämonisiert. Die Leute machen, sagt der Schulmeister, „einen tüchtigen Kerl" zum „Spuk und Nachtgespenst" (S. 99). Als Leser ist man geneigt, dem vernünftigen Schulmeister zuzustimmen.

Zweitens: Der Schulmeister ist inkonsequent. Er nimmt doch Spuk-Elemente in sein Erzählen hinein: in der Episode mit Iven und Carsten, die ein Pferdegerippe lebendig werden sehen (S. 53–55); in Haukes Schimmel-Kauf, wo der Verkäufer eine Hand „fast wie eine Klaue" hat und „wie ein Teufel" lacht (S. 59); in Carstens Meldung, mit Haukes Kauf sei das Pferdegerippe verschwunden (S. 60 f.). Der Schulmeister bezeichnet solche Elemente abfällig als „das Geschwätz des ganzen Marschdorfes" (S. 53), aber in seinem Erzählen verzichtet er nicht auf sie.

Drittens: Hauke als Gespenst ist der erste Hauke, der in der Novelle auftritt. Es ist sogar so, dass (in der Rahmentechnik) die Gespenstergeschichte die realistische Geschichte des Schulmeisters umfasst. Es ist nicht außergewöhnlich, dass im Innern einer realistischen Geschichte eine Gespenstergeschichte vorgetragen wird, aber hier liegt der umgekehrte Fall vor. Die Gespenstergeschichte beschreibt eine Welt, in der ein Erzähler (der Schulmeister) auftritt, der gegen den Glauben an Gespenster ankämpft. Er kämpft gegen etwas an, das in der Welt, in der er lebt, tatsächlich stattfindet. Er kämpft sogar mit Überzeugungskraft für den Leser, da sein Erzählen großen Raum einnimmt und da er „Sokrates" und „Christus" nennt (S. 99), die von ihren Mitmenschen getötet worden sind und damit ähnlich dämonisiert wurden wie Hauke.

Dieses Einbauen einer Geschichte, die gegen Gespensterglauben kämpft, in eine Gespenstergeschichte könnte ein Konstruktionsfehler Theodor Storms sein. Doch so ist es nicht. Denn die Gespenstergeschichte ist selbst eine Binnenerzählung in dieser Novelle. Es gibt einen ersten Erzähler, der sich an seine Urgroßmutter erinnert und aus dieser Erinnerung heraus einen neuen Erzähler sprechen lässt, den Erzähler der Gespenstergeschichte (der wiederum dem Schulmeister das Wort erteilt). Das, was wie ein Konstruktionsfehler anmutet, ist ein absichtsvoll verwirrendes poetisches Verfahren, uns gleichzeitig eine realistische und eine Gespenstergeschichte vorzusetzen. Wir Leser können beide Geschichten getrennt sehen und jede für sich, als zwei Varianten zu demselben Thema, und damit ‚zwei Haukes' ernst nehmen. Sollen wir dann sogar den als Gespenst auftretenden Hauke als real ansehen? Dies wohl nicht, aber wir sollen diese Lehre ziehen: Wirklichkeitsgetreues Erzählen gibt es nicht, die Wirklichkeit ist so vielfältig, ja so undurchschaubar, dass das menschliche Erzählen sie nicht fassen kann.

In der Aufgabenstellung ist von „mindestens zwei Haukes" die Rede. Als dritter Hauke könnte ein Schimmelreiter bezeichnet werden, der mit dem Teufel im Bunde steht. Die Leute bezeichnen sein Pferd als „Teufelspferd" (S. 61, 69).

Aufgabe 3 ***

Einer der letzten Sätze, die Hauke Haien ausspricht, ist: „Ich habe meines Amtes schlecht gewartet!" (S. 97, Z. 4 f.)
a) Erklären Sie diese Aussage, indem Sie sich auf die Ereignisse kurz vor der Sturmflut beziehen.
b) Interpretieren Sie diese Aussage im Hinblick auf Haukes lebenslanges Wirken.

Mögliche Lösung in knapper Fassung:

„ICH HABE MEINES AMTES SCHLECHT GEWARTET!" – AUSSAGE ALS SCHULDBEKENNTNIS

a) Im heutigen Deutsch lautet Haukes Satz: ‚Ich habe mein Amt schlecht ausgeübt!' Schärfer gesagt: ‚Ich habe als Deichgraf unverantwortlich gehandelt!' Hauke spricht seinen Satz aus, als er den „Bruch im alten Deich" bemerkt (S. 96, Z. 29), die kommende Überflutung des Dorfes ahnt und den Zuruf hört: „Euere Schuld, Deichgraf!" (S. 96, Z. 30).

Haukes Satz ist ein Schuldbekenntnis. Beachtet man Haukes direkt vorausgehende Gedanken (ab S. 96, Z. 38), so könnte sein Schuldbekenntnis zweierlei betreffen.

Erstens: Hauke denkt an den **neuen Deich.** Es gab bei Beginn der Sturmflut als Rettungsmittel nur noch, den neuen Deich zu durchstechen – Haukes Deich. Diesen Durchstich hat Hauke, stolz auf sein Werk, nicht erlaubt („Den neuen Deich durchstechen"? „Fort mit euch!"; S. 96, Z. 4 f., 13 f.). Er erkennt nun: Das Dorf wäre gerettet worden, wenn er „sein Halt nicht gerufen hätte" (S. 96, Z. 41 f.).

Zweitens: Hauke erkennt dann aber: So weit wäre es gar nicht gekommen, wenn vorher am **alten Deich** sein anderes Fehlverhalten nicht gewesen wäre („er wusste es nur zu gut"; S. 96, Z. 43). Er hatte „die Schwäche des alten Deichs" (S. 97, Z. 2) und die Notwendigkeit der Reparatur gesehen und dennoch Ole Peters' Rat angenommen, auf die Reparatur zu verzichten („Ich will tun, wie du es rätst, Ole"; S. 87, Z. 15 f.). Ole hatte mit der Arbeitsüberlastung der zuständigen Männer argumentiert („ein fressend Werk" seien Haukes neue Anlagen; S. 87, Z. 6), seine Taktik aber war, zu erzwingen, dass schließlich in der Not der neue Deich durchstochen werden muss. Hauke durchschaut nun diese Taktik: Er nennt „Ole Peters' böses Maul" (S. 97, Z. 1) und sagt sich, er hätte den alten Deich reparieren müssen.

Betrachtet man, wie Haukes Erkenntnisse aufeinanderfolgen und dass Hauke unmittelbar vor seinem Satz „Ich habe meines Amtes schlecht gewartet!" nur noch an den **alten Deich** denkt, so besagt Haukes Schuldbekenntnis: ‚Ich habe den alten Deich nicht reparieren lassen.' Genauer formuliert: ‚Ich war nicht energisch genug, die Reparatur des alten Deichs durchzusetzen.' Den neuen Deich, nämlich sein Verbot des Deich-Durchstichs, bezieht er nicht in sein Schuldbekenntnis ein. Dies zeigt sich auch kurz danach, als er jubelt: „Der Hauke-Haien-Deich, er soll schon halten" (S. 97, Z. 25 f.).

Haukes Schuldgefühl ist also einseitig. Doch indem er sein schweres Fehlverhalten am alten Deich analysiert und sich dazu bekennt, zeigt er seine nun erlangte Klarsicht und überdies sein Pflichtbewusstsein.

An Haukes Schuldbekenntnis lässt sich eine Überlegung anschließen. Bedenkt man, dass seine mangelnde Energie angesichts der notwendigen Reparatur sein entscheidendes Fehlverhalten bewirkte, und bedenkt man auch, dass Hauke vorher krank gewesen war (S. 84, Z. 28), so kann man folgern: Hauke ist ein **tragischer Held:** Nachdem er ein großes Lebenswerk vollendet hat, hat er infolge Krankheit und Schwäche in einem wichtigen Moment falsch entschieden mit tödlichem Ausgang. Diese letzte Folgerung ist jedoch nicht zwingend; siehe Antwort b).

INTERPRETATION DER AUSSAGE IM HINBLICK AUF HAUKES LEBENSLANGES WIRKEN

b) Hauke bekennt, wie in a) gesagt, seine mangelnde Energie angesichts des zu reparierenden alten Deiches. Er denkt dabei wohl auch an seine vorausgegangene „Mattigkeit" (S. 84, Z. 31) und Krankheit (Z. 28). Er könnte aber noch weiter zurückdenken; er nennt ja in seinem Satz allgemein ‚sein Amt' („meines Amtes schlecht gewartet"). Die Krankheit kommt aus seinem jahrelangen Ruinieren von Körper und Geist. Auch dieses Ruinieren könnte er vor Augen haben, also sein Auftreten als Deichgraf vor der Bevölkerung; ein Auftreten nämlich, das ihn überanstrengt und krank gemacht hat. Dieses Auftreten könnte er als eigentliches Fehlverhalten und als seine Schuld ansehen.

Zu diesem Auftreten: Hauke hat seine Mitarbeiter vorwiegend als Gegner gesehen. Schon als Jugendlicher hat er behauptet, dass die Menschen „nichts können" (S. 12, Z. 8). Der „Groll" (S. 41, Z. 11), „die Ehrsucht und der Hass" (Z. 16) haben oft seinen Umgang mit den anderen bestimmt. Selbst kleine Regelverletzungen haben ihn geärgert (er „zog einen leisen Pfiff durch die Zähne"; S. 24, Z. 19). Obwohl er den Aberglauben ablehnte, setzte er die Menschen in „abergläubische Furcht" vor seiner Person und seinem Schimmel (S. 74, Z. 14 f.). Von Ole Peters, der ihm polemisch vorwarf, nur durch seine Frau Deichgraf geworden zu sein (S. 48, Z. 5), hätte er sich nicht verbittern lassen dürfen, auch wenn das aufgrund seiner niederen Herkunft nicht leicht gewesen wäre. Einfach gesagt: Von dem Mann, der „mit freundlichem Gesicht" die Arbeiter ermutigt (S. 74, Z. 37), hätte er lernen viel können. Seine Arbeit als Deichgraf wäre dann nicht so aufreibend und krank machend gewesen.

Haukes Satz könnte demnach das Schuldbekenntnis bedeuten, als Deichgraf in seiner Menschenführung lebenslang versagt zu haben – mit der Folge, krank und matt geworden zu sein und schließlich in einem entscheidenden Moment, nicht mehr die Energie besessen zu haben, die Reparatur des alten Deiches durchzusetzen. In dieser Sicht ist Hauke **kein tragischer Held.**

Aufgabe 4 **

Der Storm-Biograf David A. Jackson nennt Haukes und Elkes Ehe und sagt: „Der wirkliche menschliche Höhepunkt der Novelle ist eigentlich die Szene, in der sie beide sich selbst und einander eingestehen, dass Wienke geistig zurückgeblieben ist." (Jackson, S. 322) Nehmen Sie zu dieser Aussage Stellung.

Mögliche Lösung in knapper Form:

MENSCHLICHER HÖHEPUNKT DER NOVELLE

Es geht um die Passage von S. 81, Z. 25 („Und Elke öffnete die Tür") bis S. 82, Z. 11 („mein liebe Mutter!"). Nach einem Spazierritt Haukes, bei dem er seine 5-jährige schwachsinnige Tochter Wienke mitgenommen hat, stammelt Wienke einige Sätze. Dann sind die Eltern allein. Elke beginnt das Gespräch. (Ich zitiere aus der 30 Zeilen umfassenden Passage, ohne die Zeilen anzugeben.)

Es ist das erste Gespräch, das Hauke und Elke über Wienkes Schwachsinn führen, wie sich zu Anfang zeigt (Elke: „Ich muss es einmal vor dir sagen", Hauke: „Ich wusste es längst"). Elke beginnt das Gespräch. Sie ist in innerer Not, getraut sich jedoch, die Probleme zu benennen. Sie spricht das bittere Wort „schwachsinnig" aus; sie äußert den Gedanken, dass man solch ein Kind nicht als Menschen zählen könnte („so sind wir denn allein geblieben"), und sie sagt, dass ein schwachsinniges Kind die Schuld der Mutter sei („was hab ich arme Mutter denn verschuldet?"). Sie ist in der schlimmen Vorstellung befangen – die in männlich orientierten Gesellschaften nicht außergewöhnlich ist –, dass die Frau als Gebärerin dafür verantwortlich ist, wie die Kinder geraten. Elke ist also nicht nur traurig, sondern sie ist auch in Angst vor den Mitmenschen, sogar vor ihrem Mann. Hauke ist unbefangen, ja er hat offenbar Elkes schlimme Vorstellung und ihre Angst nie bemerkt und daher nicht das Gespräch gesucht.

Hauke begreift jetzt rasch. Er spürt, dass Elke das Gespräch braucht, denn als sie ihm angstvoll ihre Hand entziehen will, hält er „die Hand seines Weibes fest". Hauke reagiert präzise auf Elkes Worte, indem er ihr sagt, dass er Wienkes Schwachsinn bemerkt habe, dass er dennoch das Kind liebe und sich über das Kind freue („ich hab sie lieb", „sie schlägt ihre Ärmchen um mich") und dass kein Mensch die Frage der Schuld beantworten könne („der Allmächtige gibt den Menschen keine Antwort"). Er versteht also Elke in allen Punkten, er versteht sogar, dass sie von ihrer möglichen Schuld spricht, und er beruhigt sie Schritt für Schritt und nimmt ihr so die Angst.

Er geht noch weiter. Er fordert Elke auf, sich nicht beirren zu lassen, ihr Kind weiterhin zu lieben („lass dich nicht irren"). Er hat also bemerkt, dass Elke – was sie nicht auszusprechen wagt – das Kind liebt, und bekräftigt sie in dieser Liebe. Damit verschafft er Elke alles Glück, das in dieser Lage denkbar ist. Mit einer neuerlichen körperlichen Geste („Er hatte auch die andere Hand seines Weibes gefasst") unterstreicht er seine Zuwendung. Elke bekundet sofort ihre Dankbarkeit und setzt sozusagen Haukes Gestik fort: „Da warf sich Elke" an seine Brust. Der letzte Absatz zeigt eine von ihrer Angst befreite und trotz der Trauer über das schwachsinnige Kind glücklich gewordene Ehefrau und Mutter: Sie weint sich aus, weint dabei lange, und ist dann heiter. Storm fasst dies in eine psychologisch sehr genaue poetische Schilderung: Sie „weinte sich satt und war mit ihrem Leid nicht mehr allein. Dann plötzlich lächelte sie ihn an […]."

Hauke zeigt sich als ein menschlich denkender, selbst auf kleine Regungen seiner Frau achtender und zutiefst verständnisvoller Ehemann und Vater, der dabei seine Worte und Gesten angemessen wählt.

Diese Passage stellt dar, wie ein Ehepaar durch ein Gespräch, das mit der Angst der Frau einsetzt und dann die familiären Sorgen erörtert, geistig und emotional zueinander findet. Sowohl die Sorgen als auch der Umgang damit zeigen ein in hohem Maße menschlich-fürsorgliches Denken, sowohl seitens der Frau, die das Gespräch in Gang setzt, als auch seitens des Mannes, der ihr die Angst nimmt. Die knappe Sprache, die Storm verwendet, lenkt unsere Aufmerksamkeit auf den menschlichen Kern der Szene. Storm beschreibt also nicht nur Hauke und Elke, sondern überhaupt den hohen Wert menschlichen Verhaltens. Dazu tragen auch einige abstrakte Wendungen bei wie: die „Hand seines Weibes" (zwei Mal!) oder „ich arme Mutter".

Es gibt zahlreiche Dialoge zwischen Hauke und Elke in der Novelle. Am ehesten vergleichbar mit dem soeben erörterten Gespräch ist die frühere Szene, in der Elke die Kinderlosigkeit ihrer Ehe sich zuschreibt und Hauke sie tröstend in seine Arme zieht (S. 58, Z. 20–33). So wird das spätere Gespräch vorbereitet, das der menschliche Höhepunkt der Novelle ist.

LITERATUR

Zitierte Ausgabe:

Storm, Theodor: *Der Schimmelreiter.* Husum: Hamburger Lesehefte Verlag, 2010

Gesamtausgabe:

Storm, Theodor: *Sämtliche Werke in vier Bänden.* Hg. v. Karl Ernst Laage und Dieter Lohmeier. Frankfurt a. M.: Deutscher Klassiker Verlag, 1987 f. (Sonderausgabe 1998). – *Der Schimmelreiter* befindet sich in Band 3, S. 634–756.

Briefeditionen:

Theodor Storm – Hartmuth und Laura Brinkmann. Briefwechsel. Kritische Ausgabe. Hg. v. August Stahl. Berlin: Erich Schmidt Verlag, 1986

Theodor Storm – Gottfried Keller. Briefwechsel. Kritische Ausgabe. Hg. v. Karl Ernst Laage. Berlin: Erich Schmidt Verlag, 1992

Ranft, Gerhard: *Theodor Storms Briefe an Hermione von Preuschen.* In: Schriften der Theodor-Storm-Gesellschaft 22 (1973), S. 55–94

Theodor Storm – Erich Schmidt. Briefwechsel. Kritische Ausgabe. [2 Bde.] Hg. v. Karl Ernst Laage. Berlin: Erich Schmidt Verlag, 1972 [Bd. I], 1976 [Bd. II]

Theodor Storm – Ernst Storm. Briefwechsel. Kritische Ausgabe. Hg. v. David A. Jackson. Berlin: Erich Schmidt Verlag, 2007

Übergreifende Darstellungen:

Aust, Hugo: *Realismus. Lehrbuch Germanistik.* Stuttgart/Weimar: Metzler, 2006

Demandt, Christian: *Religion und Religionskritik bei Theodor Storm.* Berlin: Erich Schmidt Verlag, 2010

Eversberg, Gerd u. a. (Hg.): *Stormlektüren. Festschrift für Karl Ernst Laage zum 80. Geburtstag.* Würzburg: Königshausen & Neumann, 2000

Fasold, Regina: *Theodor Storm.* Stuttgart/Weimar: Metzler, 1997 → Sehr gute, wissenschaftlich anspruchsvolle Darstellung des Storm'schen Schaffens.

Freund, Winfried: *Theodor Storm.* Stuttgart u. a.: Kohlhammer, 1987

Goldammer, Peter: *Theodor Storm. Eine Einführung in Leben und Werk.* Leipzig: Reclam, 1968

Griese, Volker: *Theodor Storm. Chronik seines Lebens.* Husum: Verlag Husum, 2002 → Klare, gründliche und als kleines Lexikon zu benutzende Übersicht.

Jackson, David A.: *Theodor Storm. Dichter und demokratischer Humanist. Eine Biographie.* Berlin: Erich Schmidt Verlag, 2001 → Gut lesbare Biographie, die besonders den Demokraten Storm berücksichtigt.

Karthaus, Ulrich: *Novelle.* (Reihe ‚themen – texte – interpretationen'.) Bamberg: Buchner, 1990

Laage, Karl Ernst: *Theodor Storm. Biographie.* Heide: Boyens, 1999

Laage, Karl Ernst: *Theodor Storm. Leben und Werk.* Husum: Verlag Husum, ^{8}2007 → Ein Standardwerk, übersichtlich, knapp und doch informationsreich.

Lowsky, Martin: *Menschen, die verblüffen. Trien' Jans und andere Nebenfiguren bei Theodor Storm, Theodor Fontane und Karl May.* In: die horen 234 (2009), S. 107–112

Mann, Thomas: *Theodor Storm Essay* [1930]. Hg. v. Karl Ernst Laage. Heide: Boyens, 1996

Martini, Fritz: *Deutsche Literatur im bürgerlichen Realismus 1848–1898.* Stuttgart: Metzler, ^{3}1974

Neumeyer, Harald: *Theodor Storms Novellistik.* In: Begemann, Christian (Hg.): Realismus. Epoche – Autoren – Werke. Darmstadt: Wissenschaftliche Buchgesellschaft, 2007, S. 103–120

Radbruch, Knut: *Mathematische Spuren in der Literatur.* Darmstadt: Wissenschaftliche Buchgesellschaft, 1997 (Sonderausgabe 2009)

Schuster, Ingrid: *Tiere als Chiffre. Natur und Kunstfigur in den Novellen Theodor Storms.* Bern u. a.: Peter Lang, 2003

Segeberg, Harro: *Literarische Technik-Bilder. Studien zum Verhältnis von Technik- und Literaturgeschichte im 19. und frühen 20. Jahrhundert.* Tübingen: Niemeyer, 1987

Stein, Malte: *„Sein Geliebtestes zu töten". Literaturpsychologische Studien zum Geschlechter- und Generationenkonflikt im erzählerischen Werk Theodor Storms.* Berlin: Erich Schmidt Verlag, 2006 → Mit gewagten, aber sehr interessanten psychologischen Deutungen.

Stuckert, Franz: *Theodor Storm. Der Dichter in seinem Werk.* Tübingen, Niemeyer, 1966

Tanaka, H. u. a. (Hg.): *Storm-Essays aus japanischer Perspektive. Jubiläumsband aus Anlass des fünfzehnjährigen Bestehens der Theodor-Storm-Gesellschaft Japan.* Husum: Verlag Husum, 1999

Tschorn, Wolfgang: *Idylle und Verfall. Die Realität der Familie im Werk Theodor Storms.* Bonn: Bouvier, 1978

Vax, Louis: *L'art et la littérature fantastiques.* Paris: PUF, 1974

Vinçon, Hartmut: *Theodor Storm mit Selbstzeugnissen und Bilddokumenten.* Reinbek: Rowohlt, ^{16}2004

Speziell zum *Schimmelreiter*:

Baltensweiler, Thomas: *Die Aporie in der bürgerlichen Familie. Zur Funktion des Erwerbssinns in ‚Hans und Heinz Kirch' und ‚Der Schimmelreiter'.* In: Schriften der Theodor-Storm-Gesellschaft 51/2002, S. 87–100

Barz, Paul: *Der wahre Schimmelreiter. Die Geschichte einer Landschaft und ihres Dichters Theodor Storm.* Frankfurt a. M. u. a.: Ullstein, 1985

Blödorn, Andreas: *Storms ‚Schimmelreiter'. Vom Erzählen erzählen.* In: Der Deutschunterricht 2/2005, S. 8–17

Eversberg, Gerd: *„Vor der Deichnovelle habe ich einige Furcht". Storms letzter Schreibprozess im Spiegel der ‚Schimmelreiter'-Textzeugen.* In: Eversberg u. a. (Hg.), S. 323–348

Eversberg, Gerd: *Der echte Schimmelreiter. So (er)fand Storm seinen Hauke Haien.* Heide: Boyens, 2010 → Resümiert die zahlreichen Aspekte der *Schimmelreiter*-Forschung, mit vielen historischen Ansichten und Landkarten.

Eversberg, Gerd / Lefebvre, Jean: *Du siehst Gespenster! Ein Dialog über Theodor Storms ‚Schimmelreiter'.* In: Schriften der Theodor-Storm-Gesellschaft 59/2010, S. 21–43

Freund, Winfried: *Theodor Storm. Der Schimmelreiter. Glanz und Elend des Bürgers. Mit Abbildungen, Lageplänen und Strukturskizzen.* Paderborn u. a.: Schöningh, 1984

Freund, Winfried: *Theodor Storm: Der Schimmelreiter.* (Reihe ‚Lektüreschlüssel'.) Stuttgart: Reclam, 2002

Frühwald, Wolfgang: *Hauke Haien, der Rechner. Mythos und Technikglaube in Theodor Storms Novelle ‚Der Schimmelreiter'.* In: Jürgen Brummack u. a. (Hg.): *Literaturwissenschaft und Geistesgeschichte. Festschrift für Richard Brinkmann.* Tübingen: Niemeyer, 1981, S. 438–457

Graevenitz, Gerhart von: *Memoria und Realismus. Erzählende Literatur in der deutschen ‚Bildungspresse' des 19. Jahrhunderts.* In: Anselm Haverkamp und Renate Lachmann (Hg.): *Memoria. Vergessen und Erinnern.* München: Fink, 1993, S. 283–304

Hermand, Jost: *Hauke Haien. Kritik oder Ideal des gründerzeitlichen Übermenschen?* In: Wirkendes Wort 15. Jg. (1965), S. 40–50

Hoffmann, Volker: *Theodor Storm: ‚Der Schimmelreiter'. Eine Teufelspaktgeschichte als realistische Lebensgeschichte.* In: *Interpretationen. Erzählungen und Novellen des 19. Jahrhunderts.* Bd. 2. Stuttgart: Reclam, 1997, S. 333–370

Holander, Reimer Kay: *Der Schimmelreiter – Dichtung und Wirklichkeit. Kommentar und Dokumentation zur Novelle ‚Der Schimmelreiter' von Theodor Storm.* Bräist/Bredstedt: Nordfriisk Instituut, 2003 (zuerst 1976) → Ein gründliches Werk über den *Schimmelreiter* und den Deichbau einst und jetzt.

Laage, Karl Ernst (Hg.): *Theodor Storm: Der Schimmelreiter. Text, Entstehungsgeschichte, Quellen, Schauplätze, Aufnahme und Kritik.* Heide: Boyens, [12]2006

Lefebvre, Jean: *Nichts als Gespenster? Die Funktionen des Deichreiters in der Rahmenhandlung des ‚Schimmelreiters'.* In: Schriften der Theodor-Storm-Gesellschaft 58/2009, S. 7–13

Mahal, Günther: *Ein Nachwort.* In: Jens Rusch: *Der illustrierte Schimmelreiter.* [Wewelsfleth]: Deich Verlag, 2010, S. 174–191

Neumann, Christian: *Eine andere Geschichte vom Schimmelreiter. Der Subtext der Deichnovelle Theodor Storms aus literaturpsychologischer Perspektive.* In: Schriften der Theodor-Storm-Gesellschaft 56/2007, S. 129–148

Roebling, Irmgard: *„Von Menschentragik und wildem Naturgeheimnis". Die Thematisierung von Natur und Weiblichkeit in ‚Der Schimmelreiter'.* In: Eversberg u. a. (Hg.), S. 183–214

Silz, Walter: *Theodor Storms Schimmelreiter.* In: Schriften der Theodor-Storm-Gesellschaft 4/1955, S. 9–30 (zuerst englisch 1946)

Theisohn, Philipp: *‚Der Schimmelreiter'. Gespenstisches Erzählen.* In: Christoph Deupmann (Hg.): *Theodor Storm: Novellen.* (Reihe ‚Interpretationen'.) Stuttgart: Reclam 2008, S. 104–125

Wagener, Hans: *Theodor Storm: Der Schimmelreiter. Erläuterungen und Dokumente.* Stuttgart: Reclam, ²2001

Weinreich, Gerd: *Theodor Storm: Der Schimmelreiter.* (Reihe ‚Grundlagen und Gedanken'.) Frankfurt a. M.: Diesterweg, ³1997 → Große, sehr anregende Gesamtinterpretation.

Wessel, Jantje: *Deichbau gegen Untergang. Zur Abwehr von Todesangst in Theodor Storms Novelle ‚Der Schimmelreiter'.* In: Gisela Greve (Hg.): *Kunstbefragung. 30 Jahre psychoanalytische Werkinterpretation am Berliner Psychoanalytischen Institut.* Tübingen: edition diskord, 1996, S. 155–176

Wittmann, Lothar: *Theodor Storm: Der Schimmelreiter.* In: Heinrich Gaese u. a.: *Deutsche Novellen des 19. Jahrhunderts. Interpretationen zu Storm und Keller.* Frankfurt a. M. u. a.: Diesterweg, ²1964, S. 50–92

Illustrierte Ausgaben des *Schimmelreiters*:

Storm, Theodor: *Der Schimmelreiter. Mit Radierungen von Alex Eckener.* Heide: Boyens, 1990 (Die Radierungen als Mappe wurden erstmals 1939 publiziert.)

Rusch, Jens: *Der illustrierte Schimmelreiter.* [Wewelsfleth]: Deich Verlag, 2010 (zuerst 1987)

Laage, Karl Ernst: *Theodor Storms Schimmelreiter Land.* Heide: Boyens, 2003 → Fotos der Landschaft und historische Abbildungen, begleitet von Textauszügen.

Zu den Verfilmungen:

Gast, Wolfgang: *Theodor Storm/Curt Oertel: Der Schimmelreiter (1934). Unter Berücksichtigung der Adaptionen von Alfred Weidenmann (1978/82) und Klaus Gendries (1984).* In: Ders. (Hg.): *Film und Literatur. Analysen, Materialien, Unterrichtsvorschläge. Bd. 3.* Frankfurt a. M.: Diesterweg, 1995

Jørgensen, Sven-Aage: *Die verlorene Mehrdeutigkeit Hauke Haiens. Zur DEFA-Verfilmung von Storms Novelle ‚Der Schimmelreiter'.* In: Text und Kontext 18 (1993), S. 108–120

Segeberg, Harro: *Intermedialität bei Storm. Zur Mediengeschichte des Schimmelreiter-Komplexes.* In: Schriften der Theodor-Storm-Gesellschaft 42/1993, S. 77–94

Wegner, Bernd: *Intertextualität und Intermedialität. Oder: Vom kinomorphen Text zum Film-Text – am Beispiel der kinematographischen ‚Schimmelreiter'-Transformationen (1934/1978/1984).* In: Gerd Eversberg und Harro Segeberg (Hg.): *Theodor Storm und die Medien. Zur Mediengeschichte eines poetischen Realisten.* Berlin: Erich Schmidt Verlag, 1999, S. 209–245

Ferner: Eversberg (2010), S. 201–203, Holander, S. 112 f., Weinreich, S. 95–97

Internet:

http://www.storm-gesellschaft.de

→ Weiter über Navigation „Im Unterricht" und „Der Schimmelreiter". Sehr reichhaltige Information der seit 1948 bestehenden Theodor-Storm-Gesellschaft zu allen Fragen der Interpretation.

Verfilmungen:

Der Schimmelreiter. Deutschland 1934.
Regie: Curt Oertel und Hans Deppe.
Mathias Wieman als Hauke Haien.

Der Schimmelreiter. Bundesrepublik Deutschland 1978.
Regie: Alfred Weidenmann. John Phillip Law als Hauke Haien.

Der Schimmelreiter. Deutsche Demokratische Republik/ Polen 1984 (Produktion für das Fernsehen).
Regie: Klaus Gendries. Sylvester Groth als Hauke Haien.

Storm – Der Schimmelreiter. Bundesrepublik Deutschland 1986. Produktion für das Fernsehen. Regie: Claudia Holldack. Erland Josephson als alter Theodor Storm, Till Topf als junger Theodor Storm.
Achtung: Bei diesem Fernsehfilm (ARD) handelt es sich um einen Film über Theodor Storm, nicht um eine Verfilmung der Novelle *Der Schimmelreiter.*

STICHWORTVERZEICHNIS